새콤달콤 심리학

새콤달콤 심리학

지은이 · 도히 이츠코
옮긴이 · 전경아
초판 1쇄 찍은날 · 2005년 4월 10일
초판 1쇄 펴낸날 · 2005년 4월 15일
펴낸이 · 임순엽
등록번호 · 제11-300호
펴낸곳 · 무진미디어
　　　　서울시 강북구 수유1동 466-49
　　　　T. (02)945-3431　F. (02)945-3430

ISBN 89-953548-7-9  03180

값  10,000 원

# 새콤달콤 심리학

도히 이츠코 지음

# 연애의 달인은 '환상'에 몸을 맡긴다

이 책은 필자가 대학에서 심리학 수업을 하던 중, 학생들로부터 가장 많은 호응을 받았던 강의의 하나인 '대인매력'과 관련된 내용을 일반 독자에게 맞추어 쓴 것이다. 또한 필자의 필생의 사업(Lifework)인 성차(Gender)에 관한 내용을 덧붙이면서, 특히 연인과 부부사이의 남녀관계에 대한 내용을 많이 다루었다.

연애에 논리 따위가 있겠냐고 생각하는 사람들도 많이 있을 것이다. 그러나 실은 '둘만'의 연애에 취해 있는 당신도 심리학적인 관점에서 보면, 예외 없이 '누구나'에 해당되는 일반적인 논리에 따르고 있다.

'사람은 겉보다 속이 중요하다'라고 말하는 사람들도 있지만, 실제로 사람은 외모를 보고 성격을 이미지화하여 상대방이 좋으냐, 싫으냐를 결정한다. '우리가 만난 것은 운명이야'라고 생각하고 싶겠지만, 서로 원하는 바가 운 좋게도 딱 들어맞은 것일 뿐이다.

누군가를 좋아한다, 싫어한다는 감정이나  특히 연애관계는 '환상'에 의한 부분이 크게 작용한다. 단순한 착각으로 상대방을 좋아하는 감정이라고 믿는다거나, 정보가 부족한 부분을 자신이 원하는 대로 채워놓고 상대방을 필요 이상으로 미화한다거나…….

이처럼 연애를 '해설' 해 버리는 것은 죄를 짓는 행위일지도 모른다. 그러나 연애에 환상을 갖는 것이야말로 가장 인간다운 점이기도 하다. 이러한 사실을 알고 있는 사람이 연애고수이며, 매일을 즐겁게 살아갈 수 있는 사람이라고 해도 좋을 것이다.

요즘 인간관계가 서투르다는 핑계로 마치 복잡한 인간관계를 피하려는 듯이 타인에 대하여 무관심, 무감동으로 일관하는 사람들이 많은 것 같아서, '손해를 보고 있는 것은 아닌가' 라는 생각을 늘 하게 된다. 이 세상에 인간만큼 재미있는 것도 없는데 말이다.

인간관계에 적극적인 자세가 될 수 있도록, 다른 사람들에게 호감을 주기 위한 노력을 시작할 수 있도록, 좋은 연애를 할 수 있도록, '좋아하는 감정'과 '싫어하는 감정'을 해설한 이 책이 조금이나마 여러분에게 도움이 되기를 바란다.

2004년 9월

도히 이츠코(Dohi Itsuko)

contents

## Lesson 3 사랑의 위대함을 심리학으로 알아보자!

Lesson 5  사랑과 섹스의 심리학을 알아보자!

## lesson1

남녀의 만남을
심리학으로 알아보자!

# 다른 사람에게 호감을 주는 기본자세란?

Lesson1

　우선 표정을 풍부하게 하고 자신의 감정을 표현한다. 감정을 겉으로 표현하면 상대방은 당신이 무엇을 생각하고 있는지, 어떻게 느끼고 있는지를 쉽게 알게 된다.

　그러면 상대방은 쓸데없는 걱정을 하거나, 당신이 무슨 생각을 하는지 전전긍긍할 필요가 없어진다. 당신과의 만남에 심리적인 부담감이 없기 때문에 상대방은 당신에게 편하게 다가오게 된다. 반대로 당신이 무엇을 생각하고 있는지 도통 모를 얼굴을 하고 있으면 상대방은 당신의 기색을 살피게 되며, 까다로운 사람이라는 인상을 받게 된다.

　풍부한 표정을 연출하는 데는 웃는 얼굴이 가장 효과적이다. 입술 꼬리를 올리는 듯이 웃으면 밝은 인상을 줄 수 있다. 또한 반짝이는 눈동자도 중요하다. 호기심이 넘치는 눈, 상대방의 눈을 똑바로 쳐다보는 '힘(시력)'을 가진 눈동자는 평상시에 의식적으로 움직이고, 눈 주위의 근육을 단련함으로써 만들 수 있다.

그리고 상대방의 이야기를 잘 들어주는 것도 중요하다. "맞아, 맞아. 그래서?"하며 장단을 맞춰주면, 상대방은 당신과 대화를 나누는 것이 즐거워지고, 마음을 터놓을 수 있는 상대로서 인정하게 된다.

매력이라는 관점에서 자세나 걸음걸이, 복장이나 화장에도 신경을 쓰도록 하자. 등을 곧게 펴고 또박또박 걷는 사람은 연령에 관계없이 매력적으로 보이며, 예쁘게 치장한 모습은 상대방에게 잘 보이고 싶다는 마음을 효과적으로 전달할 수 있다. 즉, 대인관계를 원활하게 만드는 중요한 매개체인 것이다. 상대방과의 인간관계를 진전시키기 위해 멋을 부리는 것은 여성뿐만 아니라 남성에게도 효과적인 방법이다.

의식적으로 미소를 짓거나 멋을 내더라도 상당한 효과를 볼 수 있겠지만, 의식하지 않고 자연스럽게 표현할 수 있게 되면, 상대방에게 호감을 주기 위한 기본자세를 마스터했다고 볼 수 있다.

# 상대방에게 알기 쉽게 자신을 표현

# 처음 만나는 사람과 알고 있던 사람은
# 각각 호감을 얻는 포인트가 다르다?

누군가를 좋아하게 되는 이유는 상대방과의 관계가 얼마나 진행되었느냐에 따라 달라진다.

이와 관련하여 SVR이론이라는 것이 있다. S는 Stimulus(자극), V는 Value(가치), R은 Role(역할)의 약자이다.

- S(자극) ➡ 아직 서로를 잘 알지 못할 때에는 상대방의 외모로부터 많은 자극을 받게 된다(쉽게 말해서 첫눈에 반했다고 한다).
- V(가치) ➡ 사물에 대한 사고방식이나 취미, 가치관 등이 비슷한 사람끼리 끌리게 된다(친한 친구끼리는 서로 비슷한 부분이 많다).

이런 경우에 평소에 이상형으로 생각했던 얼굴이나 몸매는 그리 중요하지 않다.

- R(역할) ➜ **마지막으로는 두 사람이** 함께 무엇인가를 하고 그것에 재미를 느끼면서 반하게 되는 경우이다.

처음 만났을 때는 아무래도 외모에 좌우되는 경우가 많다. '마마자국도 보조개'라는 속담이 있는데, 상대방과 처음 만났을 때는 마마자국이 있는 사람과 보조개가 있는 사람 모두 보조개가 있는 사람을 선택하기 마련이다.

나에게 맞는 사람이냐 아니냐, 나와 잘 어울리는 사람이냐 아니냐와는 전혀 상관이 없다.

함께 테니스를 친다든지, 콘서트를 보러 다니면서 가치관을 공유하고, 대화를 나누며 서로 끌리게 된다.

그러나 이러한 커플이 결혼한 후에도 똑같을까? 애석하게도 현실에서는 그렇지 않은 경우가 대부분이다.

테니스를 계기로 사귀게 된 커플 중에 결혼해서 아이를 낳고도 계속 테니스를 치는 커플이 몇 명이나 될지 생각해 보면 쉽게 알 수 있다.

.결혼한 후에는 서로 상대방의 기대에 부응할 수 있도록 노력하고, 집안일에 잘 협조하는 사람이 가장 매력적이라고 할 수 있다.

# 두 사람 사이는 이렇게 깊어진다 — SVR이론

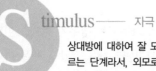

**S**timulus —— 자극

상대방에 대하여 잘 모르는 단계라서, 외모로부터 받은 자극이 다른 사람을 좋아하는 포인트가 된다.

> 우와, 예쁘다~

**V**alue —— 가치

조금씩 보고 들었던 상대방의 정보를 통해 공통된 가치관을 발견, 서로 공유하게 된다.

> 저거 진짜 좋더라!

> 앗, 나도 그런데…

> 저기, 나 저거 배우고 싶은데, 가르쳐 줄 수 있어?

> 그럼, 언제든지 말만 해.

**R**ole —— 역할

상대방이 나에게 바라고 있는 것을 파악하여, 그것을 나의 역할로 실행한다.

# 모르는 사람에게 말을 걸고, 대화를 나눌 수 있으려면?

'누울 자리를 보고 발을 뻗는다' 라는 속담에서 알 수 있듯이, 세상에는 다른 사람의 말을 잘 들어주는 사람과 그렇지 않은 사람이 있다.

그러면 다른 사람의 말을 잘 들어 주는 사람이란 어떤 사람일까?

일반적으로 친절한 사람보다는 오히려 스스로에게 자신이 없는 사람이 당신의 이야기에 귀 기울여 줄 것이다. 대신, 마음이 불안정한 사람은 당신의 설득에 방어적으로 나오게 된다. 자신의 성질이 급한 줄도 모르고, 그것을 친구의 탓으로 돌리는 공격적인 사람도 설득하기 어려운 사람이다.

또한, 일 때문에 바쁜 사람이나 확실한 목적을 가지고 걸어가는 사람에게 말을 걸어도 이야기를 들어줄 여유가 없을 것이다. 이미 마음 속에 첫 번째, 두 번째라는 우선순위가 매겨져 있기 때문이다.

반대로, 마음에 여유가 있는 사람은 다른 사람의 이야기를 귀 기울여 들어주는 경향이 있다.

그래서 수완 좋은 영업사원은 점심시간 이후에 본격적인 영업을 시작한다고 한다. 사람이 포만감에 차 있을 때는 마음에 여유가 생겨서, 다른 사람들에게 관대해지기 때문이다.

반대로 배가 고플 때는 빈배를 채우려는 욕구가 강해서 다른 사람의 이야기를 들으려고 하지 않는다.

조금 복잡한 심경을 털어놓으려고 할 때, 내 말을 잘 들어줄 친구를 찾으려면 '오프너' 타입을 선택하면 된다.

오프너란, 단단히 닫혀있는 사람의 마음을 후련히 뚫어 줄 수 있는 사람이다. 남의 이야기를 '잘 들어주는 사람' 이 여기에 해당된다.

상대방을 편안하게 해주며, 상대방에게 관심을 보여 결과적으로 상대방으로부터 신뢰를 얻음으로써 깊은 대화를 이끌어 낼 수 있는 사람이다.

그리고 이런 사람들은 상대방과 눈을 맞추며 이야기하고, 상대방의 이야기에 부정하지 않으며, 곧잘 동의해 준다는 특징이 있다.

# 말을 잘 들어주지 않는 타입

**불안형** 무엇인가 불안한 감정을 갖고 있어 안절부절못하고 있다.
행동이나 시선에 침착함이 없다.

**공격형** 눈에 들어오는 것이면 모두 시비를 건다.
궁지에 몰렸다는 느낌이 든다.

# 어떻게 하면 좋은 인상을 줄 수 있을까?

첫인상은 단순히 '처음'으로만 끝나지 않는다.

왜냐하면 처음 본 인상으로 애써 만들어 놓은 그 사람의 인상을 바꾸는 것은 심리적으로 상당히 부담스러운 일이기 때문이다.

그래서 나중에 알게 된 정보를 통해, 비록 처음 받은 인상과 다르다고 하더라도 스스로 편한 대로 해석하여 처음 받았던 인상과는 별반 다르지 않게 되어버리는 것이다.

첫인상을 결정하는 요소는 물론 외모가 비중을 많이 차지하기는 하지만, 중요한 포인트는 2가지이다.

첫 번째는 얼굴 생김새나 스타일, 기와 같이 그 자체의 좋고 나쁨을 문제 삼는 것이다. 이런 경우는 보통 여성보다도 남성에게 해당되는 경우가 많다.

두 번째는 외모를 통해서, 첫인상으로는 알 수 없는 성격이나 능력을 판단하기 위한 실마리를 삼는 것이다. 예를 들면, '얼굴이 둥근 사람은 성격이 온화하다' 라는 판단이 여기에 해당한다.

그러나 실제로 얼굴이 둥근 사람이나 네모인 사람이나, 얼굴 형태에 상관없이 늘 웃는 얼굴이라면 업무상에서 유리한 점이 많이 있다.

서비스업은 말할 것도 없고, 접객업무의 프로인 스튜어디스는 훈련을 받을 때 웃는 얼굴을 만들기 위해 연습한다고 한다. 매일매일 거울을 보고 연습함으로써 자연스럽게 웃는 얼굴을 만들 수 있는 것이다.

또한 상대방을 기분 좋게 대하면, 나에 대한 인상이 좋아진다. 가장 간단한 방법은 상대방을 칭찬하는 것이다. 한국인은 다른 사람을 칭찬하는데 서투르지만, 칭찬은 가장 중요한 기술의 하나이다.

상대방의 장점을 발견하여 칭찬해 보라. 평소에 익숙하지 않기 때문에 칭찬을 하거나 칭찬을 받아도 '뭘 새삼스럽게'라고 생각해 버리는 경향이 있지만, 좀더 적극적으로 서로 칭찬해주는 습관을 들여도 좋지 않을까 생각한다.

# 자연스러운 미소로 좋은 인상을 만들자!

"사람은 외모가 다가 아니야. 성격이야, 성격"이라고들 하지만…… 실제로는 외모를 보고 그 사람의 성격을 추측하게 된다.

이외에도 얼굴과 성격의 상관관계에 대한 세속적인 통념으로는,

입이 말려 있다 = 거짓말쟁이
얼굴이 사각이다 = 완고한 사람
눈썹이 짙다 = 의지가 강한 사람
이마가 넓다 = 현명한 사람

인간은 '눈'으로만 사람을 보지 않는다. '마음'으로도 보고 있다. 따라서 '마음'에는 자기 나름대로의 '외모 = 성격, 능력'의 대응관계가 만들어져 있다.

예) 아름다운 얼굴 = 진지함, 성실함, 친절함

■ 여성들은 왜 화장을 할까?

하루도 빼먹지 않고 화장을 하는 여성들. 화장은 이제 패션의 일부가 되었으나, 원래는 자신이 좋아하는 부위나 웃는 얼굴을 강조하기 위해 얼굴을 채색했던 것이 시초였다. 그리고, 화장은 피부감각을 비롯한 사람의 감각을 자극하여 몸과 마음의 활성화를 촉진한다고 알려져 있다. 화장은 분명히 자신의 장점을 부각시키는데 도움을 주겠지만, 원래부터 예쁘게 웃는 사람이라면, 화장보다는 '맨 얼굴 + 최상의 미소'에 초점을 두었으면 한다.

# 반대로, 나쁜 인상을 주게 되는 경우는 언제인가?

첫인상이 나쁘면 상대방과의 사이에 벽이 생긴다. 예를 들면, 틈이 보이지 않는 인상이 그렇다. 웃는 얼굴도 그렇지만, 무표정인 얼굴을 보고 그 사람의 내면을 예상하기는 어렵다. 그래서 무뚝뚝하고 퉁명스러워 보이는 사람은 첫인상이 좋지 않다.

상대방에게 반응을 잘 하는 사람은 절대로 나쁜 인상을 주지 않는다. 회식 자리에서 재미없는 이야기를 들어도 깔깔거리며 웃어 주는 여성은 인기가 있다.

특히 남성은 사회적인 배경으로부터 항상 우위에 서고 싶어 하기 때문에 반응이 좋은 상대방과 마주 하고 있으면, 자신의 기분도 좋아지고 나아가서는 상대방에 대한 인상도 좋아지게 된다.

여성은 남성보다도 언어능력이 뛰어나서, 자신을 비하하지 않고도 능숙하게 상대방을 칭찬할 수 있다. 화술이 뛰어난데다 대화하는 것도 매우 좋아해서, 나날이 실력이 향상된다. 이것도 일종의 훈련이라서 남성들도 말하는 것을 좀더 즐긴다면, 사람들에게 주는 인상의 폭도 더욱 넓어질 것이다.

대화를 즐기는 남성은 매우 매력적이라고 생각한다. 그래서 코미디언들이 그렇게 인기가 있는 것이다.

앞에서도 말했다시피 상대방을 기분 좋게 해주면 당신에 대한 인상이 좋아진다고 하였으니, 반대로 상대방을 기분 나쁘게 하면 당신에 대한 인상이 나빠진다고 할 수 있을 것이다.

예를 들면 재미있는 영화를 보고 나서 만난 사람은 좋은 인상으로 남고, 몸이 아플 때 만난 사람은 별로 좋지 않은 인상을 갖게 된다. 그 당시의 내 기분이나 상태가 상대방의 이미지와 똑같다고 착각하여 인식해버리는 것이다.

주위의 상황을 고려하여 상대방의 기분이 좋은지 나쁜지를 살피는 것도 첫인상을 나쁘지 않게 만들기 위한 중요한 포인트가 된다.

# 그때그때 달라요

# 집단 내에서 효과적으로 호의를 표현하는 방법은?

호의를 갖고 다가오는 상대에 대해서는 상황에 따라 시선의 양을 다르게 한다. 호의를 가진 상대방이 바로 맞은편에 앉아 있는 경우와 회식처럼 여러 명이 참석한 가운데 멀리 떨어져 있는 경우에 상대방에게 보내는 적절한 시선의 양이 다르기 때문이다.

심리학자인 아가일과 데인의 실험결과에 따르면 호의를 가진 사람과의 거리가 멀면, 시선시간이 늘어난다. 떨어져 있으면 호의를 표현하기 힘들기 때문에, 이를 보완하기 위해 무의식적으로 시선은 늘어난다는 것이다. 따라서 많은 사람이 모여 있는 자리에서 멀리 떨어져 있는 사람에게 호감을 표시하기 위해서는 시선을 많이 보내는 편이 좋을 것이다.

회식이 시작될 때부터 끝날 때까지, 조금씩 시선의 양을 늘리면 당신에 대한 호감도는 높아지게 될 것이다. 반대로 처음부터 너무 열심히 시선을 맞추게 되면, 금방 피곤해져서 시선의 양이 줄고 효과는 대폭 감소하게 되니 주의가 필요하다.

덧붙여서 말하면, 좋아하지도 않는 사람이 가까이 있어서 자리가 어색하고 불편할 때는 시선을 피하여 불편함을 없앨 수 있다. 만원전철이나 엘리베이터에 함께 탔을 때, 시선을 피하게 된다. 그래서 손잡이를 보거나 몇 층이나 왔는지 확인하게 되는 것이다.

또한 회식 등으로 여러 사람이 모인 곳에서 자신의 존재를 표현하기 위해서는 발언의 양도 중요하다. 심리학자 스탱박사의 실험에서는, 세 사람이 토론을 하고 있으면 가장 많이 발언하는 사람에게 '저 사람이 리더구나' 라고 인식하게 되지만, 가장 호의적으로 보이는 사람은 발언한 양이 2번째로 많은 사람이라는 결과가 나왔다. 좋아하는 사람이 참석한 회식자리에서는 시선의 양을 서서히 늘리되, 그렇다고 해서 너무 티를 내거나 너무 소극적이지 않은 'No. 2' 의 자세를 유념해 주기 바란다.

# 거리가 멀수록 시선의 양은 늘어난다

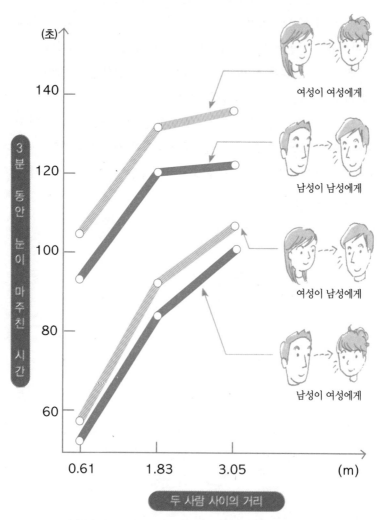

(초)

140

120

100

80

60

3 분 동안 눈이 마주친 시간

0.61    1.83    3.05    (m)

여성이 여성에게

남성이 남성에게

여성이 남성에게

남성이 여성에게

두 사람 사이의 거리

아가일과 데인의 실험결과 ( '행동의 커뮤니케이션' (사이언스사)에서 인용)

# '다시 만나고 싶다'는 생각이 들게 하려면?

헤어질 때 "오늘 정말 즐거웠어"라고 표현하여, 상대방에게 즐거웠다는 인상을 심어준다. 상대방은 "응, 정말 즐거웠어"라고 말해줄 것이다. 사교성 멘트라고 해도 그렇게 말함으로써 상대방은 '나는 즐거웠다고 말했다' 라는 인지를 하게 되어, 진심으로 즐거웠다고 생각하게된다. 왜냐하면 사람들은 '말', '행동'과 '생각'이 일치하는 것을 좋아하기 때문이다. 이것을 인지적 제합성(齊合性)이라고 한다.

선물을 받거나 맛있는 음식을 대접받을 경우에 기회는 더욱 많아진다. 헤어질 때 "잘 먹었습니다", "선물 고마워"와 같은 감사의 인사를 잊지 마라. 인사말과 함께 '즐거웠다' 라거나 '끝내줬다' 라고 하는 자신이 느꼈던 즐거운 기분을 전하면 더욱 효과적이다.

그러면 그 말을 듣던 상대방은 '맞아, 내가 이 사람을 위해서 이렇게 투자를 하다니…. 이 사람을 좋아하는 것이 분명해' 라고 자신의 행동에 맞춰, 자기의 기분을 해석한다. 즉, 당신에 대한 호감도가 높아진다. 따라서 호감도를 높이기 위해서는, 뒤로 물러서기만 해서는 안 된다. 상대방에게 투자를 하도록 유도할 필요도 있다. 단, 투자 그 자체가 목적이 되어, 투자만을 요구하면 단순히 '몰염치한 인간' 이 되어버릴 수도 있다.

그러나 좀더 빨리 손을 쓰고 싶다면 방법이 있다. 상대방에게 '다시 만나고 싶다' 라는 생각이 들게 하고 싶으면, 쉬운 말로 당신이 먼저 "다시 만나고 싶다"고 마음을 표현하는 것이다. 이를 호의의 반보성(返報性)이라고 하는데, 사람은 자신을 좋아해 주는 사람을 똑같이 좋아하게 된다는 말이다. 속으로 끙끙 앓고 있는 것 보다 과감하게 "보고 싶다"고 직접 말하는 것이 제일 좋은 방법이다.

# 상대방이 인지할 수 있도록 만든다!

## '즐거웠다'는 기분을 상대방에게 주입시킨다

## 더욱 호감도를 높인다

## '호감이 있다' 와 '다시 만나고 싶다' 의
## 차이는 무엇일까?

　단순히 '호감이 있는 것' 뿐이라면 한번의 만남으로 그칠 수도 있다. 처음 만난 사람과 '다시 만나고 싶다' 는 생각이 드는 이유는 '이 사람을 조금 더 알고 싶다' 라는 감정이 생겼기 때문이다. 이 시점에서 사람들은 자신이 얼마나 그 사람을 좋아하는지 스스로의 애정 척도에 상대방을 올려놓고 재보게 된다. 다시 말해서, 그 사람이 '내가 얼마나 관여할 사람인가' 라는 시점에서 생각하는 존재가 되었다는 뜻이다.

　'저 사람은 나에게 어떤 존재일까' 생각하며 애정의 척노에 올려 놓고, 나의 입장에서 내가 하게 될 역할과 기능을 생각하게 된다. 그러다가 '조금 더 알고 싶다' → '보고 싶다' 로 변하게 된다. '보고 싶다' 는 마음이 바로 연애로 이어진다고 볼 수는 없지만, 나와 상대방의 관계에 관심을 갖고 있는 상황이라는 점은 틀림없다.

　그리고 상대방에게 '다시 만나고 싶다' 라는 생각을 하게 하려면

**어떻게 하면 좋을까.** 나와 사귀게 되면 어떤 점이 좋은지, 내가 상대방을 위하여 어떤 능력을 갖고 있는지 넌지시 비출 필요가 있다.

극단적으로 말해서 연애는 △△대학, 결혼은 ㅁㅁ대학이라고 분류하고, 연애상대를 선택하는 사람도 있다. 조금 각박한 이야기일지도 모르지만, 요컨대 상대방이 바라는 '능력'을 당신이 갖고 있지 않으면 그것이 장애가 되어, 상대방은 다시 만나고 싶다는 생각을 하지 않게 된다. 남녀관계란 상호적인 관계라서 내 마음대로 추진해서는 안 된다. 상대방이 나에게 무엇을 기대하고 있는지를 알아볼 필요가 있다.

누군가를 처음 만날 때에는 가능한 한 상대방의 정보를 알아내어 어떤 사람을 원하는지, 나라면 어떤 식으로 상대할 것인지를 구체적으로 표현하고, 다음 만남으로 연결하는 것이 좋을 것이다.

# 이 사람을 좀더 알고 싶다!

좋아! 애정의 척도에 올랐다!

## 결혼상대의 조건이 엇갈리는 남과 여

미혼여성이 결혼상대의 조건으로서 중시하고 고려하는 것은 여전히 경제력이나 직업 등이다. 미혼남성은 여성만큼 상대방에 대한 요구사항이 엄격하지는 않다. 따라서 남성들의 경우는 결혼상대가 되기 위한 조건의 벽을 뛰어넘기 어렵다고 볼 수 있다. 한 결혼정보서비스업체의 조사에 따르면 남성의 실제 연봉과 여성이 남성에게 바라는 연봉의 차이가 대략 3천만 원이나 된다고 한다.

남성 중에서 특히 연봉이 낮은 남성은 결혼상대로 맞벌이를 할 수 있는 배우자를 원한다. 그러나 전문대를 졸업한 여성에게 많은 볼 수 있는 '신·전업주부'라고 불리는 여성들은 남편에게는 일과 가사협력을 바라며, 자신은 가사육아와 취미(초점은 일)생활을 하려는 여성이 늘고 있다.

고소득 남성은 전업주부를 원하여 여성이 일하는 것을 원하지 않으며 전업주부로 있어 줄 것을 기대하는 경향이 있으나, 반면에 대졸여성은 계속 일하고 싶어 하는 경우가 많다.

정말로 결혼상대를 만나는 것은 쉬운 일이 아니다.

# 행동이나 태도를 통해 상대방의 기분을 읽어내려면?

사귄지 얼마 안 된 커플의 커뮤니케이션은 일방적이기 마련이다. 둘 중 어느 한 쪽에서 먼저 관심을 보이면 상대방이 그것을 눈치 채고 언젠가는 반응해 주겠지 기대한다. 그래서 당신에게 호의를 가지고 접근하는 사람은 당신에게 다가가서, 마주보는 자리에 앉거나 뜨거운 시선을 보내는 등의 행동을 하는 것이다. 따라서 처음에는 '다가간다', '말을 건다', '시선을 보낸다' 등의 행동으로 접근을 시도한다.

앞서 말한 대로 호감을 가질수록 시선의 양은 많아지는데, 많으면 많을수록 좋다고 할 수는 없다. 계속 바라보고 있으면 적극적이라고 생각할 수도 있겠지만, 호의를 나타내는 표현으로서는 조금 지나친 감이 있다. 누군가를 좋아하게 되면 '그 사람은 나를 어떻게 생각하고 있을까?' 라고 생각하기 시작한다. 그러면 부끄러워져서 상대방을 똑바로 쳐다보지 못하게 되는 것이다.

또한 눈앞에 있는 상대의 눈동자가 반짝반짝 빛이 나면서 커진다고 느꼈다면, 그것은 당신에게 관심이 있다는 증거이다. 동공은 내 의지대로 확대축소가 불가능하기 때문에 자연스럽게 마음속을 반영한다. 따라서 반짝반짝 빛나는 눈동자는 상대방이 나에게 관심을 갖고 있느냐 아니냐를 알아내는데 효과적인 수단이 된다.

접근의 다음 단계는 표면적 접촉이 중심이 된다. 영문도 알 수 없는 엉뚱한 질문을 하거나 관심 있는 분야를 슬쩍 떠보기도 한다. 의미가 없어 보이는 대화도 전부 다음 단계를 위한 포석이기 때문에, 그 의미는 크다고 할 수 있다.

또한 단계가 진행될수록 상호적 접촉이 된다. 자신의 성격이나 가족, 유년시절의 이야기를 하며, 개인적인 정보를 공유하고 서로의 태도와 가치관을 일치시키려고 한다. 이 단계까지 오면 두 사람만의 커뮤니케이션이 형성되어, 자기들만의 관계성을 추구하려는 상태라고 할 수 있다.

# 커뮤니케이션의 발전단계

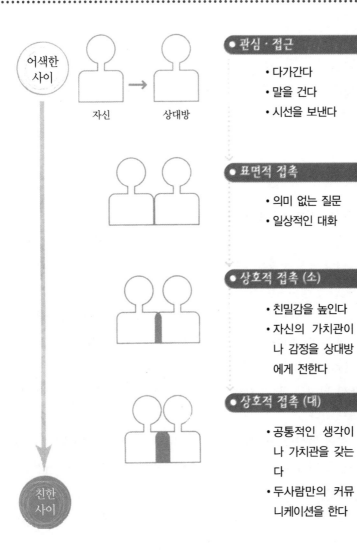

어색한 사이

자신      상대방

**● 관심·접근**
- 다가간다
- 말을 건다
- 시선을 보낸다

**● 표면적 접촉**
- 의미 없는 질문
- 일상적인 대화

**● 상호적 접촉 (소)**
- 친밀감을 높인다
- 자신의 가치관이 나 감정을 상대방 에게 전한다

**● 상호적 접촉 (대)**
- 공통적인 생각이 나 가치관을 갖는 다
- 두사람만의 커뮤 니케이션을 한다

친한 사이

## 남성과 여성의 행동과 태도에 차이가 있는가?

시선은 기본적으로 여성이 남성에 대해 활발하게 작용한다. 또한 동성에 대해서도, 이성에 대해서도 시선의 양은 크게 다르지 않다.

그러나 남성의 경우, 여성에게 보내는 시선의 양은 그다지 많지 않다. 이는 남성이 여성을 성적으로 의식하기 때문이 아닐까 생각된다. 비록 눈을 마주쳐도 적절한 대처를 할 수 있을까 자신이 없어서 '이상하게 받아들이는 것 아냐'라며 쓸데없는 생각을 하기 때문일지도 모른다.

또한 남성은 '느낀 대로 표현해서는 안 된다'라고 하는 사회적인 압력도 있다.

덧붙여 말하면, 이것은 동양인 특유의 모습으로 구미에서는 이와 반대로 남녀사이에는 남성의 시선이 우위에 있는 것 같다. 여기에도 역시 사회적인 배경이 개입되어 있는데, 구미의 남성들은 동양인과는 다른 식으로 자기주장을 펼치도록 배우고, 여성은 그것을 현명하게 받아들이도록 기대되는 입장에 있어서라고 한다.

한편, 시선 대신이라고 하면 조금 그렇긴 하지만, 남성은 여성에게 곧잘 스킨십을 한다. 타인과의 스킨십은 자신의 존재를 알리기 위한 매우 초보적인 수단이다. 과묵한 남성은 이런 식으로 자신의 존재를 상대방에게 전달한다.

반대로 여성이 이러한 직접적인 스킨십을 허락하는 상대는 관계성도 친밀한 경우가 많다고 한다.

즉, 자기 자신의 일을 숨김없이 털어놓을 수 있는 상대가 아니면 여성은 스킨십을 해도 불쾌한 기분만 느낄 뿐이다.

어쨌든 동양인은 직접적인 스킨십에는 서투른 편이다. 그래서 신중하게 접근하지 않으면 단순히 추근대는 사람으로 여겨지기 십상이다. 그러나 거기서 끝나면 그나마 다행이고, 성희롱으로 취급을 받을 수도 있으니 주의가 필요하다.

# 남녀태도의 차이

## 시선

또릿

두리번 두리번

## 커뮤니케이션

어머, 잘 지냈어?
어떻게 된 거야, 얼굴이 새까맣
게 탔네. 바닷가에 다녀왔니?
아니면 산에?

으응

오—,
잘 지냈어?

친한 척은…

---

### ■ 키스에 대하여

최근에는 한국에서도 사람들 앞에서 키스를 하는 커플들이 꽤 늘고 있다. 이러한 상황은 국가나 문화에 따라 크게 다른데, 알다시피 유럽이나 미국에서는 일상적인 일이다. 반면에 한국이나 일본, 중국에서는 대놓고 키스를 하지는 않는다. 다른 사람 앞에서 해서는 안 된다'라는 목소리도 있고, 두 사람만 있을 때 키스를 하는 편이 잡음도 없고 친밀도도 높아질 것이라고 생각한다. 그러면 왜 밖에서 키스를 하는 것일까? 아마도 관중효과를 기대하는 것일지도 모른다. 사람의 시선을 받음으로써, 자신들의 관계가 얼마나 깊은지 사람들 앞에서 확인하고 싶다는 생각일 것이다.

# 상대방이 어떤 행동을 했을 때
## '반했다'고 판단하면 좋을까?

아이블 아이베스펠트라는 동물행동학자가 남녀가 이성을 유혹하는 장면을 촬영하여 분석한 결과, 보편적인 형태가 있음을 발견하였다. 우선 여성은 자신의 존재를 상대방에게 알리기 위해서 구애하는 남성에게 미소를 지으며 바라본다. 그리고 이성의 관심을 끌기 위해서 고개를 갸웃거리거나 뒤를 돌아보며 머리카락을 흩날리는 등 머리를 이용하여 자신의 마음을 표현한다. 또한 소리 내어 웃으며 자신의 존재를 알리려고 한다. 머리를 이용하는 방법은 암컷동물들에게 흔히 볼 수 있는 공통점이다.

한편, 남성의 경우는 어깨를 쫙 펴서 넓어 보이게 한다든지, 머리를 꼿꼿이 들어 배를 집어넣는다든지, 가슴을 내밀어 보이는 행동을 한다. 평상시보다 동작을 크게 하는 것은 고양이가 털을 꼿꼿이 세우거나 비둘기가 날개깃을 곤두세우는 행동과 비슷하다고 볼 수 있다. 이렇게 여성의 경우 여성성, 남성인 경우는 남성성을 강조하여 존재감을 나타내고 있는 것이다.

또한 같은 동물행동학자인 디즈몬드 모리스박사는 '당신을 선택했어요' 라고 표현하는 행동을 성신호라 하여 분석하였다. 그 내용은 다음과 같다.

평소보다 상대방의 눈을 오래 쳐다보며, 가까이 다가간다. 그리고 상대방의 몸에 손을 스치며 가벼운 접촉을 시도한다. 자주 미소 지어주고, 상대방의 다양한 신체 부위를 차례차례로 바라본다. 동의할 때는 큰 동작으로 맞장구쳐 준다. 열린 자세로 상대방과 마주 보고 앉는다. 대화를 할 때는 이야기를 보충하기 위해서 평소보다 손을 많이 움직인다. 눈을 크게 뜨고 상대방을 이따금 쳐다보며 상대방의 반응을 살핀다.

요컨대 평소와는 다른 '들떠있는 느낌' 은 상대방이 당신에게 호의를 갖고 있다는 신호가 **분명하다.**

# 인간과 동물의 보디랭귀지

# 누군가를 좋아하게 될 때 가장 중점을 두는 포인트는?

누군가를 좋아하게 되는 포인트는 앞에서 다루었던 SVR이론과도 관련이 있지만, 친밀도가 높아질수록 달라지게 된다. 별로 만나 보지 않은 사람을 좋아하게 될 경우에는 SVR이론에서 Stimulus(자극), 즉 외모가 뛰어나다거나, 늘 곁에 있기 때문이라거나, 자주 마주친다거나, 대화를 나눌 기회가 많다거나 하는 '근접성'이 중요하다.

다음 단계에서는 태도와 가치관, 취미와 같은 '유사성'이 중요하다. 또한 함께 행동하고 생활하면서 파트너십이 있는 상대를 좋아하게 되는 경우가 많다. 따라서 좋아하는 포인트에 변화가 없는 사람은 찰나적인 관계만을 추구하여, 깊은 인간관계로 진행시키려고 하지 않는 경향이 있을 수도 있다.

그런데 평소에 대학생들을 조사하거나 관찰해 보면 얄팍한 인간관계를 느낄 수 있다. 매일 사이좋은 친구들 두세 명과 행동을 함께 하는데, 이들은 대부분 출석번호가 앞뒤이거나 아주 가까운 경우가 많다. 출석번호는 대체로 가나다순이라서, 예를 들어 안씨는 이씨와,

조씨는 정씨와 친해지게 된다. 이것은 근접성의 요인으로 친해졌음을 시사하고 있다. 즉 가치관을 중시하는 유사성보다 앞선 단계인 근접성에 의해 '친해지게' 된 것이다.

　이러한 사실은 유치원에 입학하기 전의 아이들이 근처에 사는 아이들과 서로 친하게 지내는 것과 대동소이하다. 따라서 연인끼리 데이트할 때에도 교과서적인 데이트를 하게 된다. 잡지에 게재되어 있는 데이트코스나 레스토랑, 크리스마스를 보내는 방법 등을 답습할 뿐이다. 서로의 개성을 좋아해 주는 것도 중요하지만, 친구와 같은 연인사이가 되었으면 하는 바람이다.

# 개성이 쌓이면 호감이 생긴다

## 우리들은 베스트 프렌드!

축구가 하고 싶은데 기회가 없어서…

오토바이 타고 여행이나 갔으면…

취미는 야구 관전

인호  창수  준호

사이좋아 보이는 그룹도 알고 보면 출석번호가 앞뒤라서, 자주 얼굴을 마주치며 친해진 경우도 많다. 그렇게 사귀게 된 친구도 좋기는 하지만, 시야를 넓히면 나와 접점이 있는 사람도 많이 있다.

## 같은 취미를 가지고 있는 사람, 출현!

창수야, 이번에 축구 같이 안 할래?

진짜? 할게!^^

성수  창수  인호  준호

우연한 기회로 알게 된 사람이 항상 만나던 그룹 친구들보다도 친해지는 경우가 종종 있다. 자신이 좋아하는 것에 대한 공통의 화제를 가진 사람은 자기인지를 위한 중요한 존재가 된다.

## 가장 마음이 맞는 친구로 발전

네가 포워드를 맡았으면 좋겠는데…

상관없어. 고등학교 때도 포워드였는 걸.

성수  창수

또한, 서로의 공통항목 내에서 역할분담이 정해지면 그 친구는 나에게 없어서는 안 될 친구가 된다. 그리고 이 친구로 인해 더욱 좋은 상황이 생기라도 하면 호감도는 최고조가 된다.

# 인기가 있는 사람과 인기가 없는 사람의
# 결정적인 차이는?

결론부터 말하자면, 결정적인 차이는 없다. 누구나 인기가 있을 가능성은 있다고 생각한다.

외모가 출중하다거나 성격이 좋아 보이는 사람이 분명히 인기가 있다. 그러나 태어날 때부터 정해진 것은 아니기 때문에 고칠 점이 있다면 고치도록 하자.

사람은 자신과 닮은 사람을 좋아하게 되는 성향이 있어서, 멋있어진 당신에게 잘 어울리는 상대가 나타날 것이다.

그러나 죽을힘을 다해 만날 궁리를 해 봐도 큰 효과를 기대할 수는 없다. 상대방에게 어떻게 접근하느냐가 중요하기 때문이다.

예를 들면 사교적인 성격으로 원만하게 사람을 사귄다거나, 서비스정신으로 다른 사람에게 말을 건넨다거나, 대화를 활기차게 이끌어간다거나, 상대방의 이야기를 열심히 들어준다거나 하는 것이다. 이러한 방법들은 인간관계를 양호하게 만들기 위한 기술의 일부로, '사회적 스킬'이라고 한다.

우리들은 보통 '재미있는 사람'이라는 표현을 사용하는데, 이런 사람들이 사회적 스킬을 가진 사람에 해당한다. 다른 사람들에게 이런 생각을 갖게 하는 것도 기술이라서, 누구나 갈고 닦으면 기술이 향상되어 인기가 많아진다.

반대로 스킬이 부족한 사람, 소위 인기가 없는 사람들의 경우, 동성인 사람에게는 과도하게 자신을 보여 주면서도 이성에게는 거의 표현을 하지 않는다. 화제의 지속성이 없으니, 이성과 멀어지게 된다. 반대로 자신의 생각을 너무 강력하게 주장해도 인기를 얻을 수 없다. 상대방과의 거리감을 헤아리지 못하는 사람을 두고 '스킬부족'이라고 할 수 있겠다.

인기가 있는 사람은 자신이 갈고 닦은 스킬을 사용하여, 실천적인 장면에서 그 기술을 사용하는 기회를 가지기 때문에 점점 레벨이 올라가게 된다. 그러나 스킬부족으로 인기가 없는 사람은 그 기회를 놓쳐 더욱 악화되는 악순환에 빠진다.

# 사회적 스킬을 가진 사람이 인기가 있다

그렇구나…

아, ○○씨..

---

■ **태어난 순서대로 인기가 있다, 없다?**

인기의 유무가 사회적 스킬에 따라 좌우되고 사회적 스킬이 출생순위의 영향을 받는다면, 출생순위가 결정적이라고까지는 할 수 없어도 무시할 수 없는 요인은 될지도 모른다.

첫째와 둘째는 태어난 직후부터 경험하는 인간관계가 상당히 다르다. 첫째는 발달 초기에 횡적인 친자관계밖에 없지만, 둘째는 횡적인 친자관계뿐만 아니라 출생과 동시에 형제자매관계의 종적인 관계도 갖게 된다.

따라서 둘째들은 첫째보다도 인간관계의 기술이 필요하게 되고, 다양한 인간관계를 배우게 된다.

또한 연령에 따라 지능과 생활전반에서 나타나는 능력에 위아래가 있다면, 아래에 있는 사람은 위에 있는 사람을 의식하지만, 위에 있는 사람은 아래에 있는 사람을 별로 의식하지 않는 심리도 작용한다. 유전적으로 이란성 쌍둥이와 형제자매의 유사성은 같지만, 쌍둥이가 나이차이가 나는 형제보다 비슷한 점이 많은 이유는 출생순위가 같아서 같은 가족관계를 공유하며 성장하는 부분도 있기 때문은 아닐까 추측해 본다.

# 첫눈에 쉽게 반하는 사람과 상대방을 신중하게 선택하는 사람의 차이는 무엇일까?

Lesson1

누구나 처음에는 외모만을 보기 쉽지만, 신중하게 상대방을 선택하는 사람은 외모가 마음에 들어도 내면은 어떨까, 나와 취미나 의견이 잘 맞을까 곰곰이 생각한다. 다시 말해서 만나는 동안에 알게 되는 정보로 취합선택을 하는 것이다.

그러나 쉽게 첫눈에 반하는 사람은 외모만으로 그 사람을 좋아하게 되어 그 사람의 외모를 자신의 가치관에 맞추기 시작한다. 확률적으로 말하면 당연히 점차 다른 점을 발견한다.

이러한 두 사람의 차이는 '인지적 복잡성' 의 차이일지도 모른다.

다시 말해 다른 사람을 이해할 때 얼마만큼 많은 정보를 이용하여, 얼마만큼 다각적으로 판단하느냐는 전부 개인차이다. 쉽게 말해서 성급한 성격이냐, 아니냐의 문제이다. 인지적 복잡성이 높은 사람은 다양한 각도에서 사람을 판단한다.

예를 들면 인지적 복잡성이 높은 교수가 학생을 평가하면 국어와

산수의 학습성취도에만 관심을 갖는 것이 아니라, 운동능력과 예술성과 같이 다양한 정보를 이용하여 학생을 평가한다.

그와는 대조적으로 인지적 복잡성이 낮은 사람은, 오로지 외모 혹은 혈액형 혹은 학력만으로 다른 사람이 좋은지 싫은지를 판단한다. 누구나 머리로 생각하는 것은 조금 귀찮은 일이겠지만, 인지적 복잡성이 낮은 사람은 특히 생각하는 것을 싫어하여 대충해버리는 경향이 있다.

그렇게 되면 사람을 전체적으로 볼 수 없어 상대방이 자신의 예상과는 달라져버리는 경우가 종종 생긴다.

따라서, 인지적 복잡성은 높은 편이 좋다고 한다. 인지적 복잡성을 높이기 위해서는 더욱 경험을 쌓고 시야를 넓혀서 자신의 선택기술을 향상시키는 노력을 계속해야만 할 것이다.

# 사람을 보는 눈을 알 수 있는 Rep테스트

## 해보자!
## Rep테스트

Rep테스트는 인지적 복잡성을 알 수 있는 테스트이다. 여러분도 한번 해보자. 우선 가까운 친구들 6명을 불러 모은다. 모인 6명 중 3명씩 뽑아서 한 조를 만들면, 각각 20가지의 3인조가 만들어진다. 이렇게 만들어진 3인조를 각각 하나의 기준을 정하여 1명 대 2명으로 나누어 보자.

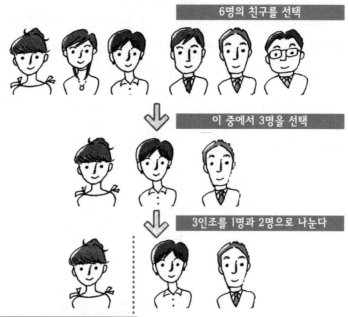

**6명의 친구를 선택**

**이 중에서 3명을 선택**

**3인조를 1명과 2명으로 나눈다**

### 무엇을 기준으로 나누나?

직업, 출신지, 형제와 같이 다양하게 기준을 잡는다. 이렇게 나눠진 기준의 종류가 많은 사람일수록 인지적 복잡성이 높다고 할 수 있다. 반대로 종류가 한정되어 있는 사람은 성급하게 첫눈에 반하는 타입이다. 외모와 같이 극히 좁은 기준만으로 사람을 판별하고 있는 것이다. 또한 성별과 학력만을 기준으로 판단하는 사람이 있는데, 이러한 사람은 상당히 단순하다고 볼 수 있다.

# 자신과 닮은 타입을 좋아하는 사람과
# 자신과 다른 타입을 좋아하는 사람의 차이는?

Lesson1

일반적으로는 자신과 닮은 타입을 좋아하게 되는 편이 간단하다. 자신의 행동과 태도가 타당하다는 것을 '온몸으로' 입증하는 사람이기 때문이다. 다시 말해서, 다른 사람과 똑같다는 사실을 통해 자신의 정당성을 확인받을 수 있는 것이다.

단, 심리학에서는 서로 보완하는 관계로서 자신과 전혀 다른 타입을 좋아하게 된다고도 한다. 그러나 표면적으로는 자신과 다르더라도, 같은 가치관을 가지고 있다거나 이해가 일치하는 경우가 대부분이다. 예를 들면 다른 사람의 위에 서기를 좋아하는 사람과 다른 사람의 의견을 좇는 사람은 전혀 다른 타입이다. 하지만, 같은 직장에 근무하고 자신에게 맞는 역할을 담당하여 회사를 크게 키우려고 한다면, 보다 상위의 가치관에서는 공통된 '야망'을 갖고 있다고 할 수도 있을 것이다.

둘 사이에는 공통점이 없고 자신과 전혀 다른 타입이라고 하더라도, 서로 좋아하게 되는 경우가 있다. 이런 사람은 아마도 셀프 모니터링 경향이 강한 사람일지도 모른다. 셀프 모니터링은 감수성과 변용성으로 이루어져 있다. 감수성은 타자의 감정과 기분을 읽어내는 것이 뛰어난 성향, 변용성은 상황에 따라 요구되는 행동을 적절히 취하는 성향이라고 할 수 있다. 이와 같이 상대를 가리지 않는 성격(Personality)을 가진 사람은 자신과 전혀 다른 타입과도 교류가 가능하며, 만남의 기회도 자주 얻을 수 있을 것이다.

그렇다고 해서 자아가 없는 것은 아니다. 오히려 어지간한 일에는 꿈쩍도 하지 않을 정도로 자존심이 센 사람일지도 모른다. 그리고 자신과 인연이 없는 사람과의 만남을 자존심 높이는 일로 생각할지도 모른다. 따라서 자신과는 다른 타입이라도 원만하게 잘 사귀는 사람은 향상심도 높은 사람이라고 할 수 있다.

# 다양한 사람과 사귀는 타입을 알아보자

우선 아래의 질문에 대하여 해당되는 기호를 기입해 주세요.

'매우 그렇다'=◎, '그렇다'=○, '그저 그렇다'=△, '그렇지 않다'=▲, '전혀 아니다'=×

1. 다른 사람을 흉내내는 것이 서툴다.
2. 자신의 기분이나 생각을 행동으로 그대로 나타낸다.
3. 모임에서 누군가를 좋아한다고 말하거나 티를 내는 것은 상상할 수도 없다.
4. 확신을 갖고 있는 일만 주장한다.
5. 자세하게 알지 못하는 주제라도 즉흥적으로 말할 수 있다.
6. 다른 사람에게 좋은 인상을 주거나, 즐겁게 하기 위해서 연기를 할 수 있다.
7. 어떻게 행동하면 좋을지 모를 때, 다른 사람의 행동에서 힌트를 얻는다.
8. 잘은 모르겠지만 아마도 나는 수완이 좋은 것 같다.
9. 영화나 책, 음악을 선택할 때, 다른 사람의 조언은 필요없다.
10. 감동한 것처럼 행동한 적이 있다.
11. 코미디프로그램을 볼 때, 여러 사람과 함께 있으면 더 많이 웃는다.
12. 그룹 내에서 별로 주목받고 있지 않다.
13. 상황이나 상대에 따라 행동이 변할 때가 자주 있다.
14. 나는 다른 사람의 호의를 받아들이는 일에 별로 능숙하지 않다.
15. 속으로는 즐겁지 않아도 즐거운 듯이 행동을 한 적이 있다.
16. 나는 겉으로 보이는 모습이 전부인 사람은 아니다.
17. 다른 사람의 마음에 들고 싶어서 자신의 의견이나 행동을 바꾸지는 않는다.
18. 자신이 엔터테이너라고 생각한 적이 있다.
19. 다른 사람에게 잘 보이고 싶어서 상냥하게 대하거나, 상대방이 원하는 대로 하는 편이다.
20. 지금까지 사람들 앞에서 게임을 해서 성공한 적이 없다.
21. 상황에 따라, 자신의 행동을 바꾸는 일이 서툴다.
22. 파티에서 분위기를 띄우는 일은 다른 사람에게 맡기고, 자신은 가만히 있는 편이다.
23. 사람들 앞에서 생각한 대로 말하지 못한다.
24. 해도 괜찮다는 생각이 들면, 상대의 눈을 쳐다보고 진짜처럼 거짓말을 할 수 있다.
25. 싫어하는 사람이라도 표면상으로는 잘 지낼 수 있다.

◎=5점, ○=4점, △=3점, ▲=2점, ×=1점으로 하고 점수를 더해 보자. 단 질문 1, 3, 4, 9, 12, 14, 17, 20, 21, 22, 23의 점수는 마이너스를 붙여 계산하기 바란다. 합계 점수가 높을수록 셀프 모니터링 경향이 높다고 할 수 있다.

## '성격이 A인 사람은
## 성격이 B인 사람을 좋아한다'에는 법칙이 있다?

Lesson 1

사람은 어떤 성격인가에 상관없이 자신과 성격이 닮은 사람을 좋아하게 되는 경향이 있다. 이것을 유사성 효과라고 부른다. 이것은 부부나 연인 사이에서 강력하게 작용한다.

다음으로 타당성 효과가 있다. 자신의 성격과는 상관없이, 상대방에게는 다른 사람을 즐겁게 해주기를 원하고, 이러한 사람을 좋은 파트너라고 여기는 경향이 있다. 게다가 나에게 없는 성격을 가진 사람을 좋아하는 상호보완성 효과도 있다. 위의 3가지 경향에 따라 좋아하는 상대의 성격이 조금은 나눠질지도 모르겠다.

그러나 실제로는 '내 성격은 ○○하니까, △△타입인 사람을 좋아하게 될 거야'와 같은 예상은 그렇게 간단히 맞출 수 있는 것이 아니다. 실제로 지금까지 내려온 심리학 연구로도 예상한다는 것은 상당히 어려운 일이다.

그러면 왜 예상하기 어려운 것일까. 우선, 자신의 성격은 이것이다라고 특정짓는 일이 의외로 어렵기 때문이다. 당신도 '대체, 어느 쪽이 진짜 나야?'라는 의문을 가진 적이 있을 것이다. 답은 '이것도 나, 저것도 나'이다. 자신의 성격은 본인에게도 타인에게도 그렇게 간단하게 파악되는 것이 아니다.

자신의 성격조차 파악할 수 없는 것이 현실이니 상대방의 성격을 특정화하는 일은 더더욱 무리이다. 상대방은 당신에게 어떻게 보이면 좋을까 고민하고 당신에게 보여지는 부분이나 당신에게 보여지는 방법을 바꾸게 된다. 그러면, 당신은 생각한다. '저 사람은 정말 나랑 성격이 비슷한 것 같다.'

인간관계는 이렇게 복잡해서 두 사람이 잘 지내게 되면, 그 결과를 보고 막연하게 '궁합이 좋다'라는 '원인'을 갖다 붙인다. 그리고 '두 사람은 원래 궁합이 좋아서 서로 좋아하게 된 걸 거야'라고 하면서 묘하게 납득해버리게 된다.

# 유사성, 타당성, 상호보완성의 3가지 효과를 비교해 보자

## 유사성 효과 ← 주류(대다수)

 외향적인 사람은

⇒ 외향적인 사람을 좋아한다.

내성적인 사람은

⇒ 내성적인 사람을 좋아한다.

## 타당성 효과 ← 유사성 효과에 비하면 효과는 적음

예 외향적인 사람도

내성적인 사람도 ⇒ 외향적인 사람을 좋아한다

## 상호보완성 효과 ← 유사성효과에 비하면 효과는 적음

예 외향적인 사람은

⇒ 내성적인 사람을 좋아한다.

내성적인 사람은

⇒ 외향적인 사람을 좋아한다.

# 어떤 타입을 만나도 잘 사귀는 사람이 있다?

Lesson 1

여기에서는 성격을 파악하는 방법의 하나로서 남성적인 성격과 여성적인 성격을 예로 들어 보겠다. 남성적인 성격이란 행동력, 자기주장, 리더십, 결단력, 야망과 같이 사회에서 일반적으로 여성보다도 남성에게 기대되는 성격을 말한다. 이에 비하여 여성적인 성격이란 감수성, 애교, 귀여움, 이해심과 같이 남성보다도 여성에게 기대되는 성격을 지칭한다. 이것은 사람이 제멋대로 정한 성차(=젠더)이기 때문에, 육체적인 남녀의 성별과는 관계없어서 완전히 남성적인 남성도 있다면 여성적인 성격을 가진 남자도 있을 것이다. 또한 심리적 양성구유라고 하는데 남자다움과 여자다움을 동시에 갖고 있는 남성도 있을 것이다. 여성의 경우도 마찬가지이다.

위의 내용을 근거로 하여 처음 만나는 이성과도 즐겁게 대화를 나눌 수 있는 타입은 어떤 사람들인가 생각해 보자. 여기에서는 필자가 대학생들을 피험자로 하는 실험결과로부터 살펴보겠다.

우선 남성부터 보면, 남성적인 성격의 남성은 여성적인 성격의 남성에 비하여 여성의 입장에서 보면 경망스러운 사람으로 비춰진다. 또한 남성적인 성격의 남성은 대화 도중에 긴장하거나, 상대방에게 다가가려는 자세가 결여되어 있음을 알 수 있다. 여성의 경우도 여성적인 성격의 여성은 남성적인 성격을 가진 여성보다도 첫인상이 차분하지 못하고, 대화할 때도 긴장하여 남성적인 성격의 남성과 마찬가지로 상대방에게 다가가려는 자세가 결여되어 있다.

남성과 대화할 때는 서로 남성적인 성격이나 혹은 여성적인 성격으로 어느 한 쪽에 맞춰, 친구처럼 대화를 풀어나가는 경우와 서로 이성으로서의 '특성'을 전면에 부각시켜 연인처럼 대화를 나누는 경우가 있다. 자신이 남성적인 성격과 여성적인 성격, 양쪽을 지니고 있다면 어떤 경우에서도 쉽게 대처할 수 있을 것이다. 만일 상대방도 심리적인 양성구유라면, 두 사람의 대화는 더욱 활기를 띄게 될 것이다.

# 적응력에 차이가 나는 성격의 특성

## ◆ 여성적인 성격 ◆

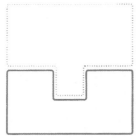

감수성, 애교, 귀여움, 이해심 등과 같이 일반적으로 여성에게 기대되는 성격. 남성적인 성격의 사람과 잘 맞는다.

## ◆ 남성적인 성격 ◆

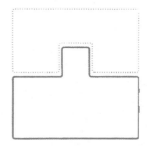

행동력, 자기주장, 리더십, 결단력, 야망 등, 일반적으로 남성에게 기대되는 성격. 여성적인 성격의 사람과 잘 어울린다.

### 양쪽을 모두 갖춘 사람

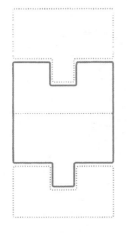

## ◆ 심리적 양성구유 ◆

여성적인 성격과 남성적인 성격 양쪽을 모두 갖고 있기 때문에 어느 쪽에도 맞출 수 있다. 이런 사람에게는 상대방도 경계심을 갖지 않아서 교우관계를 넓히는 일도 비교적 간단하다.

## lesson2

그와 그녀가 친밀해지는
방법을 심리학으로 알아보자!

# 만나는 횟수가 늘어날수록 친밀도는 높아진다?

Lesson2

답은 Yes이다. 사람은 익숙해지면 그것만으로도 친밀감을 느끼기 때문이다. 이것은 단순접촉효과라고 하여, 모르는 사람의 얼굴과 이름, 혹은 잘 모르는 음악과 외국어라고 해도 반복하여 보거나 듣는 동안에 친밀감이 생겨서 차츰 좋아지게 된다는 말이다. 이러한 현상은 의식적으로 기억하지 않아도 자연스럽게 뇌리에 남게 된다. 이를 증명하는 심리학자 자이언스박사의 실험결과를 보도록 하자.

어느 피험자에게 1페이지당 한 사람씩 찍혀있는 사진책자를 첫 장부터 보여준다. 도중에 같은 사람이 몇 번인가 등장하게 한다. 그 후, 호감도를 조사해보면 사진 속에 등장하는 횟수가 제일 많은 사람에게 호감도가 높다는 사실을 알 수 있다.

사내결혼이 많은 이유도 단순히 매일 얼굴을 맞대고 있기 때문이라고 생각할 수 있다. 만약 당신이 좋아하는 사람이 나를 보게 하고 싶다면, 가능한 한 만나는 기회를 늘려 나에게 친밀한 감정이 들도록 하는 것이 좋다. 단, 처음에 적대관계에 있던 경우라든가 첫인상이

별로 좋지 않을 경우에는, 만나면 만날수록 싫어지는 경우도 있기 때문에 이러한 경우에는 다른 방법을 찾는 편이 좋다.

또한 '가까이 있는 사람과 친해진다'라고들 하는데 이것은 단순접촉효과일 뿐만 아니라 비용면으로도 설명이 가능하다. 원거리 연애를 상상하면 쉽게 이해할 수 있는데, 직접 만날 때는 물론이고 전화, 이메일을 사용해서 아무리 둘 사이를 연결한다 하더라도 전부 나름의 비용이 들게 마련이다. 사람들은 많든 적든 비용대비 효과를 생각하기 때문에 지금까지 들었던 비용에 걸맞은 관계를 쌓았는지 아닌지를 저울질한다. 이를 토대로 생각하면 내 곁에 가까이 있는 사람은 이러한 비용을 걱정하지 않고 만날 수 있기 때문에 이미 최초의 벽을 넘었다고 할 수 있다.

# 만나면 만날수록 호감도 UP!

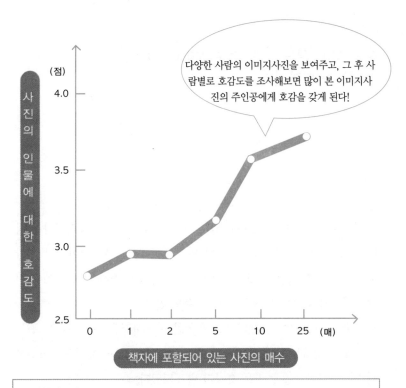

다양한 사람의 이미지사진을 보여주고, 그 후 사람별로 호감도를 조사해보면 많이 본 이미지사진의 주인공에게 호감을 갖게 된다!

(점)

사진의 인물에 대한 호감도

4.0

3.5

3.0

2.5

0    1    2    5    10    25  (매)

책자에 포함되어 있는 사진의 매수

---

### ■ 익숙한 얼굴

우리들은 거울에 비춰진 얼굴을 자신의 얼굴로서 인식하고 있기 때문에 타인이 인식하고 있는 나의 얼굴과는 조금 다를 수 있다. 이러한 사실을 이용하여 익숙한 얼굴이 호감도를 높이는지 아닌지를 조사한 실험이 있다.

다른 사람이 보고 있는 A씨의 이미지사진과 거울에 비춘 것처럼 반전된 A씨의 이미지사진을 준비하여 A씨와 A씨의 친구들에게 보여서 호감도를 조사해 보았다. 그 결과로 A씨는 반전된 사진을 좋아하였으며, A씨의 친구들은 반전되지 않은 사진을 선호한다는 결과가 나왔다. 같은 얼굴이라도 익숙해질수록 호감도는 높아지기 때문에 역시 누군가에게 관심을 받으려면 많이 만나는 것이 가장 좋은 방법이라고 할 수 있겠다.

## 호의적인 '성실함'과 혐오스러운 '집요함'의
## 경계는 어디까지?

접촉에는 마이너스 작용도 있다. 커뮤니케이션이 일방적이라서 상대방의 반응(Reactance)이 전혀 없는 경우나 커뮤니케이션이 원활하게 진행되지 않아서 대화 내용이 서로 마음에 들지 않을 때에는 친해지기는커녕 오히려 적의를 느낄 수도 있다.

미국의 경찰데이터에 의하면 흉폭한 폭행사건은 가족, 이웃, 친구 사이에 발생하는 경우가 많고, 가족간 살인이 전체 살인사건의 3분의 1을 차지한다는 놀라운 숫자가 발표되었다.

가까운 관계에 있는 사람들끼리는 싫어도 관계를 끊을 수 없으며, 서로 관계가 얽혀있는 상태에 있다. 따라서 '내 마음대로 인간관계를 선택하면 좋을 텐데…'와 같이 반발하는 감정도 더욱 거세져서 싫어지기 시작하면 자신의 자유를 회복하려고 더욱 싫어지게 되는 것일지도 모른다. 이는 심리학 용어로 '심리적 반발'이라고 한다. 초등학생 시절에 '지금부터 숙제해야지'라고 생각하고 있었는데 엄마가

"빨리 숙제해!"라고 하면, 그 말을 듣는 순간 숙제를 하려는 마음이 싹 사라져버리는 경험이 있을 것이다. 바로 그것이다.

상대방에게 '집요하다'라는 생각이 들지 않게 하기 위해서는 이 심리적 반발이 발생하지 않도록 하자. 이를 위해서는 상대방에게 선택의 여지를 남겨 둔 후에 '성실하게' 호의를 표시하는 것이 좋다. 직장에서 남녀사이에 상대방이 도망칠 수 없다는 사실을 알고 관계를 밀어붙이면 이것이 바로 명백한 성희롱행위이다.

또한 혼잡한데다 고온인 악조건 속에서 접촉을 시도하면, 친밀한 느낌은커녕 혐오나 증오의 감정을 키우게 된다. 접촉은 타이밍을 못 맞추거나 정도를 넘어서면 단지 '집요하다'로 변하는 양날의 검이라고 할 수 있다.

# 선택의 여지를 주지 않으면 미움을 받는다

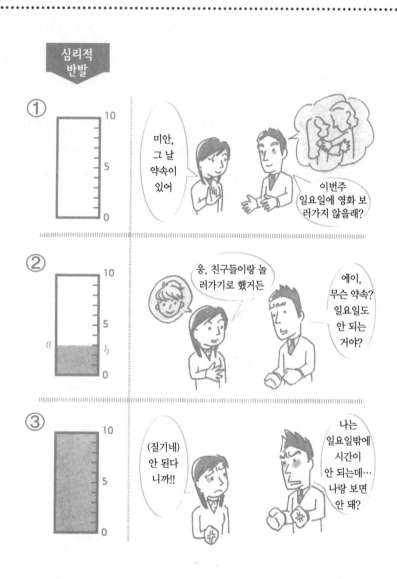

# 친밀함을 유지하기 위해서는 어떤 방법이 효과적일까?

두 사람이 막 사귀기 시작했을 때는 서로 잘 보이기 위해서 반짝거릴 정도로 차를 닦아서 온다거나, 유난히 옷차림에 신경을 쓴다거나, 구석구석 깨끗이 방을 청소하고 초대를 하는 등 상대방에게 잘 보이기 위해 최선을 다한다. 그랬던 두 사람이 친해져서 익숙해지면 연애 초기에 최선을 다하던 모습과 비교하여, 현재의 풀어진 모습이 더욱 두드러져 보인다. 따라서 항상 긴장감을 잃지 않고 상대방에게 자신의 가장 좋은 모습을 보이려는 배려가 필요하다. 다시 말해서, '초심을 잃지 말자' 는 말이다.

또한 매너리즘에 빠지지 않도록 하자. 예를 들면, 연애 초기에는 손을 잡는 것만으로도 가슴이 뛰었던 만남이 시간이 지날수록, 아침에 이를 닦거나 밤에 샤워를 하는 일처럼 '일상' 이 되어 버린다. 그래서 일부러 로미오와 줄리엣처럼 장애를 만들고 그것을 극복함으로써, 상대방과의 관계를 늘 새롭게 유지하려고 하는지도 모른다. 장애를 극복하고 다시 만나게 된 기쁨을 나누는 것이다. 결국 연애란 '환상'의 다른 이름이니까.

다정한 행동과 냉정한 행동을 각각 다르게 연출하는 남녀의 대화 장면을 통해서 제3자로 하여금 두 사람이 얼마나 상대방에게 호감을 느끼는가를 평가한 실험이 있다. 실험 결과를 보면, 처음 만났을 때는 다정한 행동을 보이다가 냉정한 행동을 하게 되면, 처음부터 냉정한 행동을 할 때보다도 상대방에게 더욱 좋지 않은 인상을 준다는 사실이 밝혀졌다. 이를 로스(loss)효과라고 하며, 남녀는 결국 끝을 보게 된다. 반대로 일관되게 상냥한 행동을 보이기보다는 냉정한 행동을 하다가 상냥한 행동으로 변화해 가는 패턴은 오히려 상대방에게 호감을 준다고 제3자는 판단하였다. 이것은 게인(gain)효과라고 하며, 친밀도를 더욱 높일 수 있는 방법이다.

지나치면 모자란 것만 못한 법이지만, 가끔은 상대방과 떨어져 보는 것도 좋은 방법일 수 있다.

# 로스효과와 게인효과

### 로스효과

### 게인효과

# 만남을 오래 지속시키기 위한 요령(tip)은 있을까?

연인사이나 부부관계도 개인과 개인의 결합임에는 변함이 없다. 자신뿐만 아니라 상대방도 개인으로서 심리적으로 만족하고 있는가, 항상 신경을 쓰는 자세가 필요하다.

두 사람의 관계가 지속되는 경우는 상호작용을 계속하여 서로가 마음에 드는 결과를 얻을 때이다. 금전 지원과 같이 물리적인 재화의 교환이라면, 받은 쪽이 이득을 얻고 준 쪽이 손해를 보는 시스템이 되겠지만, 인간관계는 그렇게 간단하지 않다. 극단적으로 말해서, 상대방에게 무엇인가를 주면 상대방은 물론 나 자신도 '그 사람을 기쁘게 해서 행복해♡' 라고 하는 충만감을 맛볼 수 있다. 이와 같이 상대방과 더불어 나 자신도 만족하게 됨으로써, 더더욱 상호작용을 이어가게 되는 것이다.

상호작용을 통해 만족함으로써 관계를 오래도록 지속시키는 요령은 서로가 두 사람의 관계에 대하여 공평하다는 느낌을 갖는 것이다. 나와 상대방의 보수와 비용의 비율이 각각 똑같은 상태를 유지할 수 있도록, 늘 염두에 둔다면 관계는 좋아지게 될 것이다.

　내가 상대방에게 투자하면, 나는 얼마나 이득을 얻을 수 있는가? 투자와 이익의 비율은 상대방이 나에게 투자하여 얻은 이익의 비율과 똑같을까? 서로가 느끼고 있는 인풋(input)과 아웃풋(output)의 균형을 유지하는 것이 관계를 지속시키는 요령이다.

　단, 여기에는 약간의 특색이 있다. 자신과 상대방의 보수와 비용의 비율은 같아도 문제없지만, 더 좋은 것은 서로가 '상대방보다도 내가 조금 더 이득이다' 라고 은밀하게 느끼고 있는 관계이다. 그리고 자신이 상대방보다도 너무 이득이라고 느끼면 바로 상대방에 대한 투자를 늘려서, 균형을 유지하게 된다.

# 연인끼리 인풋과 아웃풋

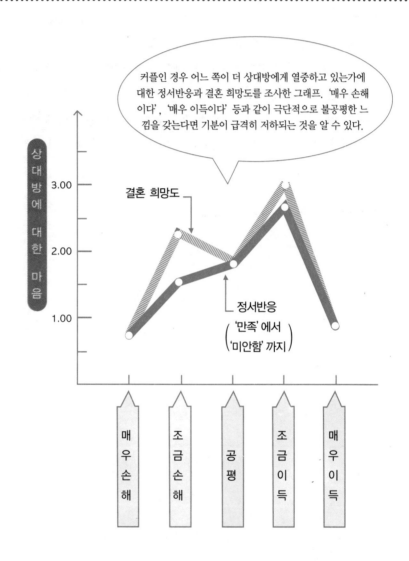

# 연인들이 결혼을 생각하게 되는 심리적인 계기는?

가장 이상적이라고 생각되는 동기는 연애감정이 점점 고조되어 '영원히 함께 있고 싶어'서 결혼하려고 결심하는 것이겠다. 그러나 현실에서 보면 이러한 계기는 별로 찾아 볼 수 없고, '오랫동안 만났으니 어쩔 수 없지'라는 식이 많은 듯하다.

스스로 결정을 내리지 못하는 커플들도 최근에는 임신이 해결해 주는 경우가 증가하고 있다. 임신 후 결혼을 하는 '속도위반 결혼'이 급증하고 있으며, 이렇게 태어난 아이가 1980년에는 8명 중에 1명 정도였던 것이 2000년에는 4명 중에 1명의 비율이 되었다.

대부분의 부부를 살펴보면, 부인은 남편에게 경제적으로 의존하고, 남편은 부인에게 가사·육아·본인의 시중을 맡기는 형편이다. 이렇게 되면 '연애결혼'이라고는 해도, 결국 서로 상대방이 없으면 살 수 없기 때문에 결혼했다는 말이 된다. 이러한 의미에서 결혼은 '서로 의존하기 위한 동기'라고 할 수 있다. 그리고 게임처럼 즐기는 기분은 사라지게 된다. 아무래도 생활이 걸려 있으니까.

그렇지 않고 '혼자서도 살아갈 수는 있지만, 두 사람이 함께라면 훨씬 재미있기 때문에' 결혼하는 사이라면, 상대방과는 순수하게 즐기기 위한 관계라고 할 수 있다. 서로가 자립한 상태이고 여유가 있기 때문에, 마음의 건강에는 좋으리라고 생각된다.

연애기간이 길어지면서, 이제는 안정을 찾고 싶다는 이유도 있을 것이다. 혹은 상대방에게 바라는 것이 보기만 해도 설레던 긴장감에서 안도감으로 변했을 때에 결혼하고 싶다는 생각을 할 수도 있을 것이다.

또한 주위의 친구들이 다들 결혼했기 때문에 '우리들도'라며 동조하는 기분도 없지는 않을 것이다. 그러나 그런 식으로 주변의 모임이나 사람에게 영향을 받아서 하는 결혼이 어떨는지는 상상에 맡기겠다.

# 결혼의 계기에 대한 이모저모

● 상대방의 가족이 내 가족처럼 친해져서.

● 처음 만났을 때부터 결혼을 의식했다. 사귀기 시작한지 2개월이 지나 동거를 시작했고, 7개월이 되었을 때 결혼했다.

● 두 사람의 아이를 갖고 싶어서.

● 부모님께서 "이제 결혼해야지"라고 말씀하셔서 행동으로 옮겼다.

● 전근으로 멀리 떨어지게 되는 것이 싫어서.

● 그냥. 결혼적령기라고 생각해서.

● 웨딩드레스가 입고 싶다고 떼를 썼더니 진짜로 하게 되었다.

● 노후에 혼자는 외로울까봐.

## 최근 결혼연령이 높아지는 이유는?

Lesson2

요즘 들어 결혼연령이 대폭으로 상승하여 30~40대의 미혼율이 남녀 모두 상당히 높아지고 있다. 이렇게 된 심리적 이유로는 젊은 사람들이 도덕적 해이(Moratorium) 상태에 있다는 사실을 들 수 있다. 양쪽 모두 결혼은 하고 싶어 하지만, 이상은 높고 현실에서는 찾기 힘든 이상의 상대를 추구하여 결혼을 뒤로 미루고 있는 상태인 것이다. 상대방과 함께 성장하고 싶다는 자세가 되어 있지를 않고, 나 혼자만의 힘으로 성장할 수 있다는 생각에 빠져 '지금이 좋다'고 아집을 부리고 있다는 느낌이 든다.

이러한 결혼 모라토리엄경향 속에서는 함께 인생을 걸어가기 위한 동반자로서 자격이 있느냐 없느냐가 누군가를 좋아하게 되는 결정기준이 되지 않는다고 할 수 있다. 현재의 자유로운 독신생활을 잃고 싶지 않아서 이성과 깊은 관계를 맺으려고 하지 않는다. 같이 고생한다느니, 서로 돕는다느니, 모두 귀찮은 일일 뿐이다.

또한 독신 남녀에게 결혼상대자로서 중요하게 고려되는 조건을 물은 조사결과를 보면, 남녀모두 90퍼센트 가까이 차지하는 연애결혼을 반영하여 압도적으로 '인품'을 꼽았다. 그러나 한편으로는 남성의 경우 여성의 '외모'를, 여성의 경우는 남성의 '경제력'이나 '직업'을 조건으로 달았다. 전반적으로 여성이 남성보다도 결혼상대자를 구하는 조건은 까다로운 편이다.

결혼상대방에 대한 조건이 까다롭더라도 결혼에 대한 생각이 강하다면 어려움을 함께 겪으며 결혼하려고 할 것이다. 그러나 결혼에 대한 자아관여도가 낮아(결혼 생각 자체가 미약하다)서 미혼자의 비율이 점차 증가하는 것이 현상이다.

결혼의 자아관여도가 낮은 한편, 상대방에게 요구하는 조건은 까다롭다면 결혼은 점점 멀어진다고 볼 수 있다.

# 결혼상대에게 바라는 이상적인 조건

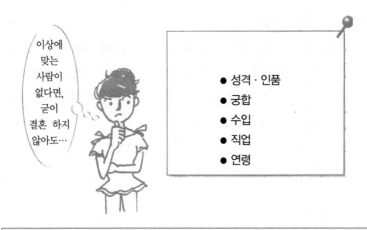

이상에 맞는 사람이 없다면, 굳이 결혼 하지 않아도…

● 성격 · 인품
● 궁합
● 수입
● 직업
● 연령

## ■ 전업주부와 직업여성 모두 육아에는 열성!

여성에게 있어 빅이벤트 중 하나는 출산으로, 많은 여성이 본인의 출산시기에 대하여 생각해 본 적이 있을 것이다. 특히 일을 갖고 있는 여성이라면, 육아문제로 일을 그만두어야 하는 상황이 될 수도 있기에 더욱 걱정이 될 것이다.

실제로 국립사회보장 · 인구문제연구소가 실시했던 2002년 출생동향기본 조사에서는 사무직에서 일하는 여성 중에 출산 후에도 일을 계속하고 있는 사람은 약 20퍼센트. 역시 직업여성과 전업주부를 병행하는 것은 힘든 일인 것 같다.

그러나 전업주부와 직업여성이 출산한 아이의 수는 각각 평균 2.11명과 2.19명으로 직업여성이 조금 더 많았다는 의외의 결과도 나왔다. 이러한 배경에는 남편의 협조뿐만 아니라, 남편의 수입에만 의지하지 않기 때문에 경제적으로 여유가 있다는 이유를 들 수 있을 것이다.

그러나 위와 같은 부부는 여전히 적은 것이 현실이다. 우선 여성이 안심하고 일도 하고, 아이도 키울 수 있는 환경을 조성하는 일이 저출산대책의 하나가 되리라고 생각한다.

# 결혼에 실패하지 않기 위해 필요한 조건은?

Lesson2

    지금은 연애결혼이 80%이상을 차지하고 있지만, 좋아한다는 자체만으로 결혼생활을 영위할 수 없다는 사실을 잊어서는 안 된다. 나름대로의 인생설계가 있으면서도 그것을 전부 희생시키고 연애결혼을 한다한들 행복해지지는 않는다. 연애감정이 최우선이어야 한다는 생각은 버리는 편이 현명하다. 연애상대와 결혼하는 것은 행복한 일이지만, 결혼생활은 처음부터 다시 시작한다는 자세가 필요하다.

    또한 결혼한 후에는 남편은 회사, 아내는 가정이라고 하는 서로의 역할에 의지하는 생활을 해서는 안 된다. 일반적으로 집단 속에서 역할의 분화는 집단생활을 원활하게 만들어 준다. 그러나 부부의 역할이 너무 고정되는 것은 문제가 있다.

    밖에서 열심히 일을 해도 '당연' 하게 생각하고, 집안일을 해도 '당연' 하게 생각한다? 늘 이런 식이라면 함께 인생을 걸어간다는 감각이 둔화되어 상대방에 대한 감사의 마음을 잊어버리게 된다. 그렇게 되지 않기 위해서는 매번 감사하는 마음을 '고맙다' 고 직접 입으로 말하도록 하자. 사랑은 전하지 않으면 알 수가 없는 것이다.

'결혼상대를 선택하는 사람은 다른 누구도 아닌 나 자신이다' 라는 의식을 갖는 것도 중요하다. 결혼에 실패하게 되면 온통 상대방 탓만 하는데, 그런 상대방을 선택한 자신이 바보였다고 스스로 책임을 지는 자세가 필요하다.

자신은 물론이고 상대방도 결혼을 했을 때 여러 가지를 희생하고, 투자했을 것이 분명하다. '결혼생활은 자기 자신이 결정한 일' 이라며 결혼에 자아관여를 할 수 있다면 인연이 아닌 상대를 선택하게 된 자신은 훨씬 어리석었다고 생각하게 될 것이다.

그렇게 생각하고 싶지 않기 때문에 잘못되기 전에 당신은 노력했을 것이다. 그렇지 않을까? 상대방으로부터 자신이 비난받을 때도 똑같다. "당신과 인연이 아닌 나를 선택한 당신은 나보다도 더 나빠"라고 받아치는 기술을 몸에 익히도록 하자.

# 부부의 역할분담에 의존하지 않는다

이렇게 되기 전에 '고맙다'라고 하는
감사의 마음을 직접 말로 전한다

## 상대방은 어떤 행동과 태도에 섹스어필을 느낄까?

'은밀한' 상상을 불러일으키는 행동이라면, 전부 섹스어필을 느낄 것이다.

어깨끈이 살짝 풀린다면? 블라우스의 단추가 모두 떨어진다면? 상의가 벗겨진다면? 남성은 여성을 보고 이런 상상을 한다. 여성은 그 사실을 충분히 알고 있기 때문에 남성의 상상력을 자극하는 듯… 가보고 싶은 듯… 그러나 지금은 보이지 않는 듯… 보일락 말락 조바심을 나게 하는 작전으로 나온다.

그 중에서 치마는 대표적인 아이템이다. 천진난만한 여자아이도 치마를 입지만, 커가면서 치마의 중대한 의미를 깨닫게 될 것이다.

남성의 경우는 셔츠 위로 불룩 솟은 근육질 몸매에 단단한 팔로 '저 팔에 안겨 봤으면…', 저음의 굵고 차분한 목소리로 '저런 멋진 목소리로 내 귓가에 속삭여 주었으면…' 등의 '은밀한' 상상을 여성에게 불러일으킨다.

섹스어필이란, 여성만의 무기라고 생각하기 쉽지만 남녀 모두에게 해당되는 것으로 그 크기나 유연성 등에서 차이가 날 때 의외로 섹스 어필해진다는 생각이 든다. 남성과 여성이 같은 입장이기 때문에 오히려 그 차이가 부각되는 것이다.

예를 들면 남녀 불문하고 키보드를 치는 손가락이 어떤 사람에게는 매우 섹시하게 느껴지는 동작일 수 있다. 저 손으로 내 머리를 어루만져 주면 얼마나 좋을까, 애무해주면 참 좋을 텐데 라고 느낄 수 있다.

자신의 신체 중에서 자신 있는 부분을 살려서 그것을 어필할 수 있다면 특별히 '섹시'하게 보이려고 애쓰지 않아도 이성에게 충분히 섹스어필할 수 있을 것이다.

상대방으로부터 연상되는 '은밀함'은 비일상적인 장면이라서 평소와 다른 표정을 살짝 보여주는 것만으로도 상대방은 가슴이 설레게 될 것이다.

# '은밀한' 상상을 불러일으키는 행동

깔끔하게 매니큐어가
칠해진 손

짐을 들었을 때의 팔

셔츠 사이로
보이는 속살

운전대를
잡고 있는 손

머리카락을
쓸어 올리는 행동

양복을 입은 넓은 어깨
를 가진 그이의 뒷모습

# 어떤 말을 하면, 상대방이 좋아할까?

Lesson2

'이 자리에서만 하는 말인데…', '너니까 말하는 건데…' 등, 비밀을 공유하거나 평소에는 말할 수 없던 이야기들을 나누게 되면 당신은 상대방의 마음속에 특별한 사람이라는 자각을 심게 된다.

상대방은 당신에게 필요하고 신뢰를 받고 있다는 인식도 갖게 된다. 평소에 말하지 않았던 영역, 예를 들면 당신의 가족이나 옛날 친구의 이야기, 초등·중학교 때의 일을 이야기하는 것도 자신들만이 공유하는 화제가 만들어져, 서로 특별한 관계임을 의식하게 된다.

대부분의 사람들은 다른 사람에게 중대한 비밀을 털어놓게 되면 자신도 마찬가지로 상대방에게 그 사람의 비밀이야기를 들어야겠다는 생각을 한다. 이것을 '자기개시의 반보성(返報性)' 이라고 한다. 그리하여 상대방도 나에게 '비밀이야기' 를 하게 되면 서로에게 '이 사람에게 아주 중요한 비밀을 말했다' 는 생각이 들고 그 이유를 해석하기 위하여 '오라, 나는 저 사람을 신뢰하고 있었구나. 저 사람과 특별한 관계가 되기를 바라고 있었던 거야' 라며 스스로 자각한다. 그렇게 되면 그 후의 행동은 자각하게 된 동기와 모순되지 않도록—스스로 변한다. 정말로 상대방에게 특별하게 대하거나, 친절한 행동을 하게 되는 것이다. 평소와는 다른  신선함을 주기 위하여, 상대방을 부를 때 아무렇지도 않은 듯 조금 다르게 불러 보는 것도 효과적이다.

또한 "늘 생각해왔던 건데"라며 상대방의 언동을 칭찬해 주는 것도 한 방법이다. 예전에 했던 말이나 행동을 기억하고 말해줘도 감동을 받는다. "그 때 네가 ㅇㅇ했었잖아"라든지, "옛날보다 예뻐졌네", "다 컸네", "의젓해졌구나" 등 이전보다 멋있어졌다든가 성장했다면서 칭찬해 주는 것도 효과적이다.

# 친밀해지기 위해서는 우선 자기개시가 필수!

........................................................

비밀의 공유

**자기개시**

너니까 말하는 건데,
실은…

**자기개시의 반보성**

실은 이 자리니까
말하는 건데, 나도…

**자기지각**

이 사람한테는
뭐든지 말할 수 있어!

# 친밀감을 높이는데 효과적인 장소는 어디일까?

올림픽은 개최국에서, 축구 등은 홈그라운드에서 시합을 한 팀의 승률이 높다. 이와 마찬가지로 데이트도 상대방을 내가 잘 아는 곳으로 데려가는 것이 효과적이다. 고급레스토랑에서의 저녁식사도 좋지만, 익숙하지 않은 곳에 가면 낯선 곳에 적응하기 위해 신경이 분산되어 데이트상대에게 집중할 수 없다.

무드 있는 조용한 장소도 좋지만, 라이브 음악이 흐르는 카페, 바와 같이 주변이 시끌벅적한 장소도 의외로 효과적이다. 왜냐하면 마음에 두고 있는 상대의 목소리를 더 잘 듣기 위해서 몸을 그 사람이 있는 쪽으로 기울이는 자세를 취할 수 있고, 상대방도 잘 들리도록 이야기하기 위해서 나에게 더 가까이 다가오기 때문이다. 서로 열심히 대화하는 자세를 취함으로써, 심박수가 빨라지거나 땀을 흘리기도 한다. 그리하여 생리적인 감정이 생기며, 이를 애정 때문이라고 착오귀속(착각)하게 되면 사랑은 열매를 맺는다. '어떻게 그럴 수가 있어?'라고 생각할 수도 있으나 연애란 평소에 본인이 어떤 생각을 갖고 있느냐 하는 점도 크게 작용한다.

또한 상대방에게 맛있는 음식을 사주면서 설득하는 것도 효과적이다. 한 실험에서는 땅콩이나 탄산음료를 먹으면서 설득하니 설득효과가 높아졌다고 한다.

상대방이 당신의 기대대로 행동을 해주었을 때 보상을 주면 상대방은 '학습'하게 된다. 단, 고급레스토랑에서의 저녁식사도 결코 나쁘지 않지만, 무리할 필요는 없다. 가끔씩 불러내는 편이 오히려 상대방과의 관계를 오래 지속시킬 수 있다. 보상은 자주 하는 것보다 가끔 하는 편이 좋다고 한다. 이것이 심리학에서 말하는 간헐강화(부분강화)이다.

# 두 사람 사이가 깊어지는 곳은 의외로 술집이다?

## 두 사람 사이가 깊어지기 위한 데이트장소의 조건

- 단골집
- 주변이 왁자지껄 시끄러운 곳
- 식사를 할 수 있는 곳
- 빌딩의 스카이라운지
- 너무 고급스럽지 않은 곳

사랑의 위대함을
심리학으로 알아보자!

# Like와 Love의 차이는 어디에 있을까?

많은 사람들이 어떤 특정한 사람과의 관계를 생각할 때, 한번씩은 생각해 본 적이 있겠지만, Like와 Love는 차이가 있다.

Like에 해당하는 사람에게는 '저 사람은 신뢰할 수 있다', '나와 닮았다'와 같은 객관적인 견해를 가진다. 한편, Love의 대상이 되면 '무엇인가 해주고 싶다', '독점하고 싶다'와 같이 상대방의 영역으로 넘어서는 견해가 된다.

Like는 동성에 대한 마음, Love는 이성에 대한 마음이라고 생각하는 사람이 있을 지도 모르지만, 반드시 그렇지는 않다. 이것은 인간관계를 보는 견해차이이다.

기본적으로 Like는 '개방적인 관계' Love는 '폐쇄적인 관계'인 경우가 많다. 그림을 보기 바란다.

여기에서는 사람과 부부간의 Love만을 고려하고 있으나 Love의 관계에 있을 때, 여성의 경우는 凹의 패인 부분을, 남성은 凸의 튀어 나온 부분을 이용하여 딱 맞게 포개져서 일심동체의 관계가 되려고 한다(凹凸의 모양은 서로의 성격과 능력을 말한다). 이것은 제삼자가 끼어들기 힘든 관계, 즉 폐쇄적인 관계를 의미한다.

그러나 여성이나 남성이나 모두 凹의 패인 부분도 갖고 있으며, 凸의 돌출된 부분도 지니고 있다. 이러한 凹凸의 양쪽 특징을 적절히 활용하는 것이 Like. 그래서 Like는 남녀관계를 초월하여 사귈 수 있는 것이다.

따라서 Love의 관계를 갖는 동시에 Like의 관계도 원만하게 풀어 갈 능력이 있다. 그러니 Love는 물론이고 Like에서도 다양한 관계를 맺고 싶다면 凹凸을 전부 지니도록 하자. 그러면 그 가능성은 높아질 것이다.

앞에서 소개한 '심리적 양성구유인간'도 이 중 하나에 속한다고 할 수 있다.

# Like와 Love의 관계

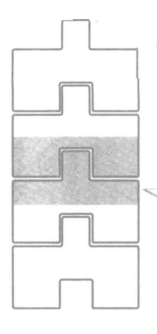

 개인이 갖고 있는 남자다움과 여자다움을 골고루 보여줌으로써, 남녀에 관계없이 폭넓게 사귈 수 있는 관계를 뜻한다. 관계를 유지하기 위한 두 사람만의 비밀이 있거나 하지는 않기 때문에 다양한 사람과의 교류가 가능하다.

Like의 개방된 관계 중에서도 Love가 만들어지는 경우가 있다. 예를 들면, 결혼한 사람들이나 친구같은 커플들이다. 결혼을 하면 형제나 친척, 이웃 등과도 잘 지내야 하기 때문에, 이것은 이상적인 형태라고 할 수 있다.

 남자로서 혹은 여자로서의 요소만을 서로 상대방에게 내보이고 있는 상태. 다른 사람을 얼씬도 못하게 하는 폐쇄적인 관계이다. 친구와는 분명히 다르며, 두 사람만의 비밀을 공유하게 되면 둘 사이는 더욱 깊어진다.

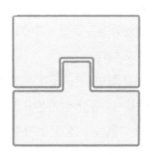

# 친구에게 연애감정을 느끼는 순간의 심리상태는?

Lesson3

Love와 Like의 차이에서 알 수 있듯이, 상대방에 대해 관여하고 관계를 갖고 있음을 의식하면 Love가 된다. 이 상태가 되면 Like 상태였을 때는 볼 수 없었던 독점욕이나 질투심이 생긴다. 이것이 기준이 된다.

여담이지만, 남녀의 질투심에 대한 대처방법은 조금 다르다. 남성은 '상대방 여성의 장점을 재확인하고 더 잘 해준다' 처럼 적극적인데 비하여, 여성은 '상대 남성의 결점을 찾으며 눈치를 본다' 와 같이 스스로 힘들게 만드는 행동을 한다고 한다.

연애감정은 운명적이라고 느끼는 만남 말고도 다른 계기로 생기는 경우도 많다.

예를 들면, 친구들과 특정 이성에 대하여 여러 가지 소소한 이야기를 나누는 동안에 기분이 고조되어 내가 상대방에게 연애감정이 있다고 '깨닫는' 경우도 자주 있다. 그러나 실제로는 '깨달았다' 라기보다는 친구와 두런두런 이야기를 나누는 동안에 '생겼다' 고 보는 편이 옳다. '상대방의 마음을 알게 되었다'고 하기보다는 '내가 멋대로 그렇게 생각했다'고 하는 편이 맞을 것이다.

이성친구에게 애인이 생기자 비로소 그 친구를 사랑하고 있다는 사실을 깨달았다는 이야기도 있지만, 이것도 내 마음대로 생각한 것에 불과하다.

동성친구에게 애인이 생긴 경우에도, 마찬가지로 조금은 쓸쓸한 기분이 들게 된다. 이러한 상황이 이성친구에게 벌어지면 '내가 왜 이렇게 쓸쓸하지? 혹시 그 애를 사랑하고 있었나…'라는 생각을 하게 되고 질투심이 생기기 시작한다. 이것이 본격적인 사랑의 시발점이다.

조금 실망이 되는가? 그러나 심리적인 오해나 착각 속에서도 연애 감정이 싹튼다면 그 나름대로 운명적이라고 할 수 있을 것이다.

# 연애감정을 느끼는 순간

# 심리학적으로 봤을 때, 연애에는 어떤 타입이 있을까?

여기에서는 심리학자 리박사의 이론을 예로 들어보겠다.

사랑에는 쾌락적, 실리적, 우애적, 애타적, 미적, 광기적의 6가지가 있으며, 연애는 위의 6가지가 혼합되어 독창적인 관계성을 만든다는 개념이다.

우선 '쾌락적인 사랑' 타입. 연애를 최우선으로 생각하여 애인과 있을 때는 그 순간을 마음껏 즐기는 사람들이지만, 한 사람에게 집착하지 않는 타입이라서 복수의 애인들과 만날 수 있다.

'쾌락적인 사랑' 타입과는 정반대인 것이 '애타적인 사랑' 타입이다. 상대방을 위해서라면 어떤 희생이라도 마다하지 않는다. 보답을 바라지 않으며, 오로지 상대방을 위해 헌신하는데 기쁨을 느낀다.

'실리적인 사랑' 타입은 연애를 수단으로 이용하여 연애 이상의 욕망을 채우려고 하는 사람들이다. 연애를 통해서 사회적 지위나 좋은 가정을 얻으려고 하며, 선을 보는 것도 여기에 해당된다.

'실리적인 사랑' 타입과 반대인 것이 '미적 사랑' 타입이다. 한마디로 말하면 외모중시형 인간. 첫 눈에 반하기 쉽고, 연애 그 자체를 최우선으로 생각한다. 이 타입에는 로맨틱한 사람들이 많다.

'우애적인 사랑' 타입은 오랜 시간을 걸쳐 자연스럽게 생성된 관계를 가리킨다. 친한 친구사이 같아서 질투와 같은 격한 감정이 일어나지 않으며, 온화한 관계를 쌓을 수 있다.

마지막으로 '우애적인 사랑' 타입과 정반대인 '광기적인 사랑' 타입이 있다. 독점욕이 강해서 격한 감정이 자주 일어난다. 사귀는 상대가 다른 이성의 이야기를 하는 것만으로 격분하여 질투의 화신이 되어 버린다.

어떤가. 자신의 주변사람들 중에 떠오르는 사람이 있나? 누구나 많든 적든 위와 같이 특정한 연애습관을 갖고 있기 마련이다. 그러니 사귀려고 하는 대상이 있다면, 얼른 상대방의 타입을 파악해 두는 것이 현명하다.

# 다양한 연애습관

## 연애고수와 연애하수의 차이는?

연애는 상대방에 대하여 환상을 갖게 되면서 더욱 불타오르게 된다. 따라서 연애의 환상이 깨진 두 사람을 일컬어, 옛날부터 '부부싸움은 개도 건들지 않는다'고 하는 것이다(배우자로부터의 폭력=가정폭력은 이와는 별개로, 간과할 수 없는 문제이기는 하지만).

그래서 여기에서는 연애고수는 환상고수, 연애하수는 환상하수라고 정의해 보겠다. 인간은 많든 적든 자신에게 세상사를 컨트롤할 수 있다고 믿는 '컨트롤환상'을 갖고 있다. 다른 사람에게 양도받은 복권보다도 내가 직접 산 복권이 당첨될 가능성이 높다고 생각하는, 바로 그 부분이 그렇다.

요컨대 현실을 있는 그대로 인식한다고 해서 특별히 나아질 것도 없으니, 환상을 갖고 적극적으로 살아갈 수 있다면 그것도 나름대로 괜찮다는 말이다. '거짓말도 하나의 방편'이 될 수 있다. '두 사람의 관계를 나한테 유리한 쪽으로 만들 자신이 있어', '저 사람의 나쁜 버릇은 내가 고쳐놓을 거야', '지금보다도 훨씬 매력적인 사람이 될 수 있어'와 같은 컨트롤환상을 가진 사람이 연애를 즐길 수 있으며, 주변에서도 연애고수로 불리는 것이다.

연애하수들은 컨트롤환상을 갖고 있는지 여부를 묻기 전에 연애상대에게 컨트롤환상을 갖는 일 자체를 용납하지 않는다. 연애상대의 본성을 의심한다거나, 다른 사람과 양다리를 걸치고 있지나 않을까 혹은 나를 '진지하게', '진심으로' 사랑하는 걸까 고민하며, 좌불안석하여 점점 더 불안해 한다.

그러나 거짓이면 어떤가? 두 사람이 함께 즐거우면 그만인 것을. 비록 그것이 환상이라고 해도 좋은 것이다. 한번뿐인 인생, 즐겁게 살다가면 되는 것이다. 이러한 긍정적인 생각이 의외로 중요하다.

# 행복해지기 위하여 연애감정을 컨트롤

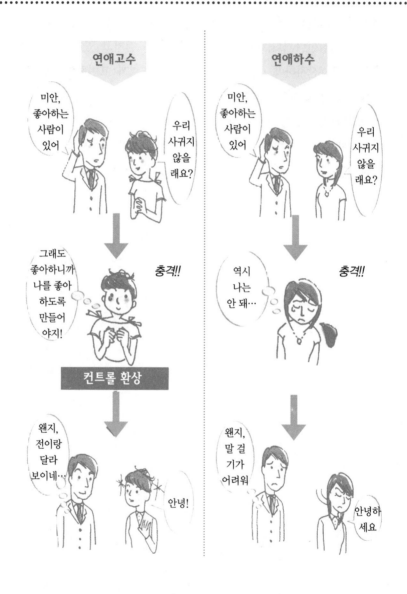

# 연애를 못하는 사람은 어떤 콤플렉스를 갖고 있는가?

얼마 전에 피터팬 신드롬과 신데렐라 콤플렉스가 화제가 되었는데, 여기에 해당되는 사람들은 연애하기가 조금 힘들 것이라는 생각이 든다.

피터팬 신드롬이란 '영원히 소년으로 있고 싶다'고 생각하는 남성들의 마음 상태를 말한다. 자존심은 높은 반면에 경제적, 심리적으로 자립하지 못하고 오직 자기애만 강한 것이 특징이다. 자기정체성을 확립하지 못했다기보다는 아예 확립할 생각이 없다.

또한 신데렐라 콤플렉스의 경우는 왕자님과 결혼하여 자기정체성을 확립하려는 여성의 심리상태를 지칭한다. 여성이라는 사실을 심리적으로 매몰함으로써, 영원한 소녀로 남는다. 웬디는 미숙함에도 불구하고 '모성애'를 발휘하여 누군가를 보살피는 일로 자신의 존재를 증명하였고, 또한 그것을 이성애와 혼동한다.

연애란 각자 개성이 있으며 목표가 뚜렷하여 빛이 나는 남녀가 서로 끌리는 것이다. 그러나 피터팬에게도 신데렐라에게도 자신감이라는 것이 없다. 자신감이 없는 상태에서는 누구를 사랑하면 좋을지도 확신하지 못하며, 상대방으로부터도 마음에서 우러나오는 사랑을 받을 수 없다. 누군가로부터 사랑받을 준비가 되지 않았기 때문이다. 연인끼리의 사적인 만남에서도, 공장에서 찍어낸 듯 매뉴얼화된 데이트밖에 못한다.

'사랑을 사랑한다'는 피터팬과 신데렐라들은 결혼상대자를 결정하는 일이 좀처럼 쉽지 않다. 결정할 때까지는 누구나 상관없다고 생각하다가도 막상 결정해버리면 더 나은 상대가 나타날 것 같은 생각이 들기 때문이다.

# 피터팬과 신데렐라

'언제까지나 늘 이대로
　　　하늘을 날고 싶어—'

## 피터팬 신드롬(약칭 : PPS)

PPS는 미국의 임상심리학자 카일리에 의해 명명되었다(1983년).

PPS의 남성들은 자존심이 강하고 자기중심적이지만 내심으로는 자신이 없고, 사회와의 접촉을 회피한다. 태만하고 책임감도 없으며 마음을 터놓을 만한 친구도 없다.

12세에서 18세까지 책임불안, 고독, 성역할의 갈등(어른이 되고 싶지 않은 마음)이라는 기본증상이 나타난다. 20세에서 30세 사이에 실망이나 죄책감, 우울증과 같은 심리적 위기가 해소되지 않으면 이후에 영원히 피터팬인간으로 살게 된다.

## 신데렐라 콤플렉스

미국의 작가 다울링이 명명했다(1981년). 여성의 자립을 막는 여성자신의 관념, 감정, 욕구 등을 말한다.

구체적으로는,

1) 행복은 자신의 손에 달려있는 것이 아니라 밖에서 오는 것이라고 생각한다.
2) 자신의 자립에 대하여 공포심을 갖고 있다.
3) 남성에게 보호받고 싶다는 의존심이 있다.
4) 구속받고 싶다, 누군가 강력하게 이끌어 주었으면 좋겠다는 생각을 하는 한편, 자유롭고 싶다는 생각으로 갈등한다.

'빨리 돌아가야 돼'

# 연인들이 어딘가 모르게 닮은 이유는?

누군가가 다른 누군가를 좋아하게 되는 이유로 들 수 있는 한 가지는 '자신과 닮은 사고방식이나 가치관을 갖고 있다' 는 것이다.

왜 그런지에 관해서는 몇 가지를 들 수 있는데, 그 중 하나가 '다른 사람과 똑같아서' 라는 이유로서, 사람들은 자신의 정당성을 확증하려고 하기 때문이다. 이것을 '일치적 타당성' 이라고 한다.

이 때, 나와 닮은 사람은 나와 똑같은 판단을 하여 현재에 도달한 사람이기 때문에, 몸소 당신의 의견이나 결단의 타당성을 보증해 주며 '나의 판단이 옳았다' 는 생각이 들게 하는 존재이다.

오랜 기간 사귄 커플이나 부부는 서로에게 일치적 타당성을 부여하고, 그로 인해 서로에게 안심할 수 있는 존재가 된다. 자신의 선택에 자신을 갖게 되고 점차 닮은 점을 만들어가는 것이다.

두 번째 이유는 닮은 사람을 좋아하면 쓸데없는 걱정이나 시행착오가 줄어든다는 장점이 있다.

부부사이의 옷차림에 대한 기호를 예로 들어보겠다. 사귄지 얼마 안 되었을 때는 서로가 선호하는 옷차림에 대한 지식이 없어서 고심 끝에 선물한 옷의 색깔이 마음에 들지 않는다고, 모처럼 사온 옷을 입어보지도 않는 경우가 있을 것이다. 상대방이 어떤 것을 좋아하는지 짐작조차 하기 어려운 것이다.

그러던 두 사람이 차츰 서로를 알게 되면 처음에 했던 다양한 시도들이 예상을 빗나갈 위험이 있다는 사실을 깨닫고, 상대방이 좋아하는 것은 물론이고 자신도 마음에 드는 옷만을 사는 것이다.

그러는 동안에 두 사람이 공통으로 좋아하는 것만 남아, 남의 눈으로 볼 때는 '두 사람(부부나 연인)이 참 비슷하게 생겼네' 라는 인상을 주는 것이다.

# 사람은 혼자서는 살아갈 수 없다!?

농구부에 들면 재미있을까?

잘 됐다! 지원자가 많은 걸 보니 정말 재미있나 보다!

지원서

농구부

### 일치적 타당성

우리들의 결정은 일치적 타당성에 속해있다고 해도 과언이 아니다. 여러 사람과 함께 한다는 사실만으로 안심할 수 있고, 자신감도 얻을 수 있다. 즉 보이지 않는 수호신이라고 할 수 있겠다.

저 집, 맛있을래나?

행렬이 늘어선 걸 보니, 맛있나 보네!

亭

# 시간이 지나면서 연애감정이
# 식어버리는 이유는 무엇일까?

Lesson3

   우리들은 자신의 친구들이나 가족, 그리고 타인의 일조차 '왜 저런
행동을 했을까?' 궁금해 하며 남의 속사정을 알고 싶어한다.

   그리고 '틀림없이 이것 때문일 거야' 라든지 '저게 원인일 거야' 라
며 추측한다. 이것을 심리학에서는 '귀속' 이라고 한다.

   자기 자신의 행동은 주변 상황이나 운, 타이밍과 같이 본인을 제외
한 다른 곳에서 원인을 찾으려고 하는 반면에, 타인의 행동은 그 사
람 자체의 인성에서 원인을 찾으려고 함으로써 불합리함이 발생한
다. 이것을 '귀속에서의 구체적 에러' 라고 한다.

   예를 들면, 교통사고를 목격한 사람은 '저런 무모한 운전자가 있
나…' 라고 생각하지만, 만약 본인이 사고의 당사자였다면 '오늘은
하필 급한 용무가 있어서' 라거나 '상대방이 부주의해서' 라며 자신
이외의 다른 곳에서 원인을 찾으려고 할 것이다. 왜냐하면 자신이 취
했던 행동에 대한 정보는 풍부하게 얻을 수 있기 때문에 나 이외의

다른 곳에서 원인을 찾기 쉬운데 반해, 타인의 경우는 제한된 정보밖에 알 수 없어서, 할 수 없이 전부 그 사람의 인성에 원인을 돌리는 것이다.

연인사이에 대한 이야기로 돌아가면, 시간이 지남에 따라서 상대방에 대한 정보를 많이 입수하게 된다. 그러면 상황을 냉정하게 판단하여, 연애초기처럼 상대방의 모든 말과 행동을 상대방의 '훌륭한 인격'에 귀속하기가 힘들어진다.

또한 연애초기에는 두 사람 모두 최상의 모습을 보여줌으로써, 상대방을 매료시킨다. 그러나 차츰 그러한 노력이 귀찮아져서, 대충대충하기 시작한다. 그러한 현실이 계속 쌓이게 되면, 서로 '내가 잘못 봤구나. 처음 만났을 때만 그렇게 멋있게 보였던 거야'라고 냉정한 판단을 할 수 있어, 열이 식어버리는 것이다.

# 연애초기에는 이성을 잃는다?!

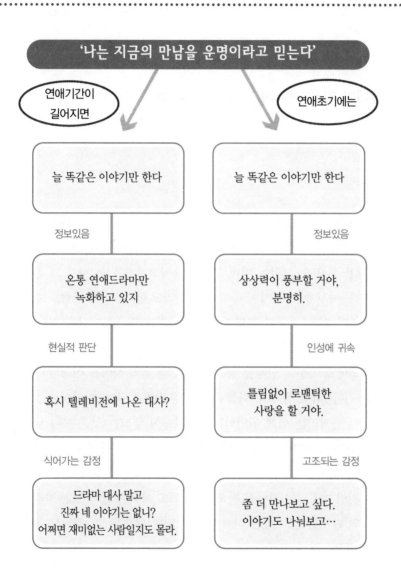

'나는 지금의 만남을 운명이라고 믿는다'

연애기간이 길어지면 | 연애초기에는

늘 똑같은 이야기만 한다 | 늘 똑같은 이야기만 한다

정보있음 | 정보있음

온통 연애드라마만 녹화하고 있지 | 상상력이 풍부할 거야, 분명히.

현실적 판단 | 인성에 귀속

혹시 텔레비전에 나온 대사? | 틀림없이 로맨틱한 사랑을 할 거야.

식어가는 감정 | 고조되는 감정

드라마 대사 말고 진짜 네 이야기는 없니? 어쩌면 재미없는 사람일지도 몰라. | 좀 더 만나보고 싶다. 이야기도 나눠보고…

# 장애가 있을 때 연인관계가 더욱 깊어지는 이유는?

Lesson3

두 사람 사이가 방해를 받기에, 연애감정이 더욱 고조되는 경우가 있다. 부모님이나 친구들에게 '저런 사람은 그만 만나는 게 좋아' 라는 말을 들으면, 그와는 반대로 더욱 불타오르게 되는 바로 그 감정 말이다. 이것을 '로미오와 줄리엣 효과' 라고 한다. 이 두 사람도 주변으로부터 심한 반대에 부딪쳤다는 이야기는 잘 알고 있을 것이다. 여기서 유래한 명칭이다.

타인에게 자신의 연애를 방해받으면 '왜 우리 사이를 이해해 주지 않는 거야!' 라고 욱해서, 화를 내거나 흥분하게 된다. 이러한 흥분상태가 두근거리는 실제 원인인데도, '가슴이 떨리는 것을 보니 내가 이 사람을 많이 좋아하나 보다' 라고 가슴이 떨리는 상태를 사랑의 울림으로 착각해 버린다.

이것이 바로 심리학에서 착오귀속이라고 불리는 상태이다. 따라서 주위의 반대를 받고 있는 사람이 화를 내면 낼수록, 그 사랑도 점점 더 불타오른다.

그러나 주변의 반대가 없어지면 흥분상태도 가라앉고, 사랑하는 마음도 식었다고 생각한다. 흥분이 최고조인 상태에서도 서로를 원하고, 흔들림 없는 사랑을 확인할 수만 있다면 별문제 없겠지만……. 또한, 주변 사람들도 아무리 반대한다고 해도 무조건 "그만둬!"라고 말하면 역효과가 난다는 사실을 잘 알고 있을 것이다.

이러한 로미오와 줄리엣 효과는 불륜이나 바람을 피고 있는 남녀에게도 해당된다. 만약 바람을 피고 있는 파트너가 본인의 곁으로 돌아오기를 바란다면 소란을 피우는 것은 역효과가 날 수 있으니 간곡히 그만두라고 부탁하고 싶다. 그리고 심하게 반대를 하게 되면 심리적 반응도 작용한다. 즉 "무슨 일이 있어도 만나서는 안 돼!"라고 하면서 선택의 여지를 박탈하면, 반대로 자신의 자유를 회복하려고 화를 내게 되니 주의하자.

# 로미오와 줄리엣 효과

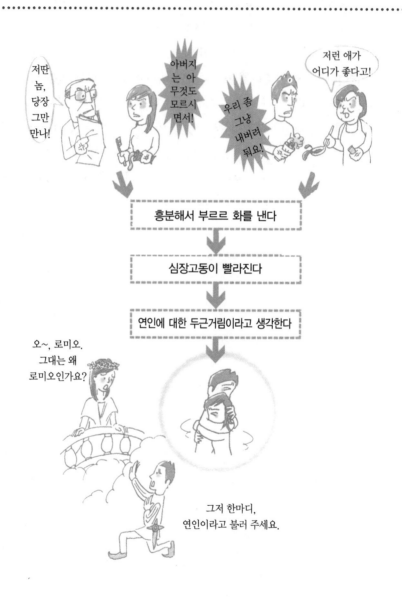

# 좋아하는 타입과 사귀고 있는 사람이
# 반드시 일치하지 않는 이유는?

Lesson3

'어? 저런 타입은 별로 안 좋아한다고 그러더니…' 이런 상황을 흔히 볼 수 있다. 이런 사람들에 대하여 보통은 말과 행동이 일치하지 않는다든지, 경솔하다고 생각할 수도 있다. 그러나 실상은 그렇지도 않다.

내가 좋아하는 타입은 아니지만 나를 좋아하게 되는 경우가 있다. 이상형은 아니더라도 누군가의 사랑을 받으면, 상대방으로 인해 자신을 높일 수도 있고 만족감을 얻을 수도 있다. 심리학자 A.H. 매슬로 박사가 말한 바 있는 '승인의 욕구'가 충족되는 것이다.

매슬로 박사는 '의식주가 충족되면, 다음 욕구를 생각하게 된다'라는 욕구의 5단계설을 제시한 것으로 유명한데, 이 중에 승인의 욕구가 있다. 일상생활이 문제없이 잘 돌아가면, 다른 욕구가 생긴다. 승인의 욕구(=인정받고 싶다는 욕망)도 그 중의 하나이다. 자신을 좋아해 주는 사람은 그 욕구와 바람을 충족시켜 주며 안정감과 행복감을 가져다주기 때문에, 본인도 그 사람을 좋아하게 되는 것이다.

게다가 상대방이 나에게 반했다는 약점을 쥐고서 상대방으로부터 막대한 서비스를 받아내고 있을 지도 모른다. 따라서 사람은 이상형이 아니더라도 내가 상대방의 이상형이 될 수 있다면 그 상대방과 사귀게 되는 것이다.

드문 일이긴 하지만, 스스로 '전혀 내 타입이 아니야~' 라고 생각하면서도 좋아하게 되는 경우가 있다. 이런 경우는 상대방과 오랜 시간을 지내다 보니 의외로 본인의 타입이었다거나, 스스로에 대해 잘 파악하고 있지 못하다가 상대방으로 인해 새로운 나를 끌어내는 경우라고 할 수 있다.

# 이상형이 아니어도 사랑을 얻을 수 있다!

### 1
**'좋아한다'고 어필**

비록 자신이 상대방의 이상형이 아니라고 해도 '좋아한다'고 전하면 관계는 진전될 가능성이 높다. 상대방에게 자신감을 주면, 승인을 받고 싶다는 욕구를 충족시켜주기 때문이다.

### 2
**정보 수집**

무턱대고 아무거나 준다고 좋은 것은 아니다. 오히려 관계가 더 이상 진전되지 않을 가능성이 크다. 상대방이 원하는 것을 알아야, 그에 맞춰 손을 내밀고 싶은 법. 그렇게 되기 위해서는 우선 상대방을 아는 것이 선결과제이다.

### 3
**좋은 이해자가 되어라**

정보를 수집하였으면 상대방을 잘 이해해주고, 자신도 비슷한 의견을 갖고 있다는 사실을 알린다. 일치적 타당성에 따라 상대방의 자신감이 더욱 높아져서 '이 사람이랑 좀더 이야기하고 싶어!' 라는 생각이 들게 된다.

### 4
**자신의 마음을 열어라!**

상대방에게 자기개시가 진행됨에 따라서 신뢰도 얻을 수 있기 때문에 더욱 친밀해지게 된다. 그리고 본인의 이야기를 하면서 보다 넓고 깊은 인간관계를 쌓을 수 있다. 자신의 장점을 어필할 수 있는 기회!

**시간을 들여서 차분하게 자신의 장점을 보여 줄 것**

# 연인이나 반려자와의 이별을
# 결심하게 되는 상황은 언제일까?

연인이나 반려자와 같은 경우는 너무 친밀하다보니 오히려 어리광을 부리거나, 무례한 행동을 하거나 혹은 상대방을 배려하지 않아서 싸움을 하게 된다. 그러나 싸울 정도로 사이가 좋다는 말이나, 화가 바뀌어 복이 된다는 말도 있듯이 싸움에도 건설적인 유익한 싸움과 이별로 연결되는 무익한 싸움이 있다.

건설적인 싸움은 지금까지 말하기 힘들었던 일을 말하게 되는 경우이다. 그 당시에는 불꽃이 튀더라도 시간이 지나고 보면 서로의 의견을 이해하고 받아들이며, 경우에 따라서는 싸울 때 주장하던 상대방의 의견과 자신의 의견이 완전히 뒤바뀌는 경우도 있다.

한편, 무익한 싸움은 의견차이로 대립할 때 상대방에게 절망감을 안겨 주게 된다. 사람은 대부분 자신의 행동에 대해서는 본인 탓을 하기보다도 그 당시 상황을 원인으로 하는 경우가 많지만, 타인에 대해서는 상황보다도 그 사람의 인성을 탓하는 귀속의 기본적 에러가 있다.

이것이 파트너와의 싸움에 이르면 싸움의 계기가 되는 일이나 행동자체를 문제로 삼는 것이 아니라 상대방의 존재 자체, 상대방의 인격을 비난하게 된다. 그렇게 되면 공격을 받는 쪽은 '나는 뭘 해도 안 돼', '변하는 건 무리야' 라며 자포자기하게 된다. 이처럼 관계 수복에 대한 무기력함이 이별을 결심하게 만든다.

　두 사람의 관계를 계속 이어가고 싶다면 비록 싸움을 하더라도 건설적으로 처리하는 것이 바람직하다. 그러기 위해서는 상대방의 인격을 비난하지 말고 그 사람이 저지른 일(행동)만 비난하는 것이 좋겠다.

　'너는 어차피 ○○니까' 라는 말투는 무익한 싸움의 전형이다.

# 파트너관계가 완전하게 무너지는 과정

········································

## 마음의 정리를 한다

상대방에 대하여 불만을 품게 되고 '왜 그런 생각이 들었을까'를 본인 나름대로 분석한다. 다시 한번 상대방에 대한 만족도를 높인다거나 상대방의 행동에 변화가 일어나기를 기대한다.

## 마음의 정리를 한다

혼자서 도저히 해결할 수 없으면, 이번에는 상대방에게 본인이 느끼고 있는 불만을 직접 말한다. 그리고 관계를 수복할 것인지, 끝낼 것인지를 결정한다.

## 마음의 정리를 한다

두 사람의 관계를 정리하기로 결정했다면, 그 사실을 가족이나 친구들과 같은 주변사람들에게 공표. 자신의 입장을 비호하기 위한 행동을 한다.

## 마음의 정리를 한다

지금까지 지속되었던 두 사람의 관계를 마음속으로 정리, 청산하고 자신의 행동에 대한 정당성을 부여한다.

## 정열적인 연애일수록 헤어질 때
## 빠져나오기가 쉽지 않다?

정열적인 연애를 단칼에 끝내고, 상대방과 헤어지기 위해서는 질릴 때까지 상대방을 나쁘게 생각하는 자세도 필요하다. 지금까지 상대방을 멋있는 사람이라고 생각하고 정성을 다했다. 그리고 상대방도 정열을 바쳐 주었다. 서로에게 너무나 좋은 사이였다.

그랬던 두 사람이 이렇게 좋던 사이를 끊어야만 하는 상황이 되었다. 이러한 상태를 심리학에서는 '인지적 불협화(不協和)'라고 한다. 그리고 이렇게 조화하지 않는 2개의 상태(=불협화)를 없애려는 심리가 인간에게는 작용하게 되어 있다.

헤어져버렸다는 사실을 바꿀 수 없는 이상, 상대방을 나쁘게 생각하지 않으면 스스로 납득할 수 없다. 상대방을 진심으로 좋아하면 좋아할수록 이별을 고할 때는 보다 강하게 자신을 납득시켜야 하며, 필요에 따라서는 강하게 상대방을 부정하지 않으면 안 된다. 많은 사람들이 스스로를 정당화시키고 싶어서 자신이 나빴다고 인정하지 않고, 상대방을 나쁜 사람으로 만들어 버린다.

만약 본인의 실수를 미화하지 않고 인정했다면, 서로의 관계가 엉망이 되기는커녕 여전히 지속되었을 지도 모른다.

덧붙여 말하면, 《바보의 벽》이라는 책이 베스트셀러가 된 적이 있는데, 이 책은 불협화를 갖고 있는 독자의 마음을 잘 짚어주고 있다. 일반적으로 사람들은 아무리 애를 써도 의견이 맞지 않는 상대방에게 '바보같은 녀석'이라고 다그침으로써, 불협화를 해결하곤 한다. 정말 부적절한 방법이지만 분명히 일상적인 일이기도 하다. 그러나 실제 원인은 본인의 설득력 부족일지도 모른다. 즉 어리석은 사람은 나 자신일 수 있으니, 불협화의 원인이 자신에게 내재되어 있다는 것을 깨닫게 되면 다수의 트러블도 줄어들 것이다.

# 사람의 마음은 쉽게 변하는 법

인지적 불협화를 해결하도록 한다.

# 세련되게 헤어지는 방법에는 어떤 것이 있을까?

Lesson3

여성은 헤어지자고 마음먹은 상대에 대해서는 더 이상 '저 이가 없는 삶이란 상상할 수도 없어' 라는 식으로 의존하지 않으며 감정적이지도 않다.

두근거리는 설레임도 거의 사라진 상태이다. 여성에게는 '실리적인 사랑' 타입이 많아서 헤어짐이 매우 깔끔한 편이다.

따라서 남성으로서는 쓸데없는 저항은 그만두는 편이 좋을 지도 모른다.

그리고 반대로 헤어지고 싶다면 그러한 면을 청산하는 편이 좋을 수도 있다. 잊고 있던 선물을 준다거나 빌린 돈을 갚아버리면, 의외로 수월하게 헤어질 수 있다.

이별하는 경우에 여성이 감정보다 현실을 문제로 삼는데 비해, 남성은 '아름다움에 대한 사랑' 이나 '광기적인 사랑' 타입이 많아서 여성의 입장에서 보면 좀처럼 헤어지기가 어려울 수도 있다. 남성들이 로맨스에 쉽게 빠지는 이유는 현실의 문제를 걱정할 필요가 없기 때문일지도 모른다. 여성이 생활전반을 바꿔야 하는 것과 대조적으로 남성은 그렇게 사소한 일에 대하여 생각할 필요가 없으니 쉽게 사랑에 빠지는 것이다.

헤어지기 싫다고 집요하게 여성을 쫓아 다녀봤자 기다리는 것은 이별뿐이니, 현실에 눈을 돌려 얼른 관계를 끊는 편이 본인에게도 이득이다.

이러한 이유로 이별의 주도권은 여성이 쥐게 되는 경우가 많다. 두 사람 사이가 굉장히 좋을 때도 이별을 생각하는 여성은 꽤 많다. 특히 상대방이 '광기적인 사랑'의 소유자인 경우는 미안해하기는커녕 공포마저 느낀다.

그러한 상황에서 상대방이 로맨티스트라고 인정하기는 어렵겠지만, 시간을 들여서 조용히 상대방의 기분을 거스르지 않도록 해야 한다. 일방적으로 통고하지 말고 상대방도 이별의 과정에 관여하고 있다는 기분이 들게 함으로써, '합의'의 이별이 되도록 하자.

# 여자는 언제나 합리적이다!

# 차였을 때는 어떻게 하는 것이 가장 좋을까?

'나는 왜 차였을까?' 라고 심각하게 생각하지 않는 편이 좋다. 찼다, 차였다고 하는 원인을 살펴보면 별 것 아닌 경우가 대부분이다. 그런데도 차인 것을 대단한 사건인양 치부해서 납득하기 위한 이유를 생각하기 시작하면 자기 스스로를 비하하게 되고, 자칫 자신감을 잃어버릴 수도 있다.

대부분의 사람들이 애인에게 차이면 '별 볼일 없는 녀석이었는데, 헤어져서 잘 됐다' 고 생각하게 된다. 이런 식으로 불협화를 해결하는 것이다.

그러니 "헤어진 사람보다도 더 좋은 사람을 만날 거야!"라고 당장 행동을 개시하도록 하자. 이 때는 이전에 사귀었던 사람과 만나면서 얻은 스킬을 새로운 연인에게 시도하는 것이 좋다. 자신을 매력적으로 보이게 한다든지 상대방을 기쁘게 하는 스킬은 본인이 깨닫지 못할 뿐이지, 곰곰이 생각해보면 스스로도 '변했구나' 라고 생각이 드는 부분이 있을 것이다.

차였을 때의 대처방법으로는 새로운 연인을 만드는 것이 가장 좋은데, 이럴 때는 스스로 상대방을 찾으려고 하기보다는 상대방이 나에게 관심을 가지도록 자극하는 방법이 현명한 선택이다. 상대방이 나에게 관심을 보인다는 생각이 들면, 자신을 가꾸도록 하자. 바뀐 모습은 만약 지금의 연인과 헤어지더라도, 곧바로 다른 연인을 만들 수 있다는 자신감을 준다. 자신감이 생기면 신기하게도 연인과의 만남이 즐거워진다.

　자신을 가꾸지 않는 사람은 자신감이 없기 때문에 애인이 있어도 불안한 기분에 사로잡힌다. '저 사람은 정말로 나를 좋아하는 것일까?'라고 불신하면 그 마음은 상대방에게 전해진다. 이렇게 되면 스스로 이별을 불러왔다고 해도 과언이 아니다. 우선은 누군가에게 차였다고 해서 너무 놀라지 않도록 자신을 가꾸는 것이 제일 중요하다.

# 다양한 실연 탈출법

● 친한 친구에게 전부 털어 놨더니 속이 시원해졌다.(25세 남성)

● 기분전환으로 무언가를 배우기 시작하였다. 새로운 친구들도 만나고, 시야도 조금 넓어졌다.(34세 여성)

● 슬픈 영화를 보고 마음껏 울었다. 그렇게 하니 나의 불행이 가볍게 생각되었다.(23세 여성)

● 일에 매달렸다. 시간이 해결해 주기를 기다렸다.(33세 남성)

● '많이 울면 울수록, 아름답게 성장한다'고 술집 마담이 위로해줘서 훌훌 털어 버렸다!(27세 여성)

● 그녀의 사진과 연락처 등을 전부 버리고 나니 자연스럽게 잊혀졌다.(29세 남성)

**lesson4**

애정의 다양한 모습을
심리학으로 알아보자!

# 첫눈에 반한 순간의 심리상태는?

영화에 나오는 사랑이야기처럼 운명의 사람을 만나서 사랑을 하고 싶어하는 마음은 누구나 마찬가지라고 생각한다. 그러나 여기에서는 좀더 냉정히 분석해 보겠다.

첫눈에 반했다는 것은 단지 내 수준에 맞는 이상형의 상대가 눈앞을 지나간 것일 뿐. 첫눈에 반해버린 상대가 어떤 사람인지는 내 쪽에서 미리 결정해 놓았다고 생각하는 편이 옳다.

운명의 사람이라거나 인생최대의 기회라고 생각할 수도 있겠지만, 실제로 이런 일들은 일상에서 늘 내 눈앞에서 지나쳐 간다. 나의 욕구나 관심사가 어느 한 쪽으로 기울고 있을 때, 적절한 타이밍으로 당신의 눈앞을 지나가는 사람이 운명의 상대가 되는 것이다.

뒤집어 생각해 보면, 첫눈에 반한 상대를 보면 당신의 현재 심리상태를 알 수 있다. 내 이야기에 귀 기울여 들어 주는 사람에게 반했다면, 현재 당신은 욕구불만 상태라고 할 수 있다. 다정한 사람에게 반했다면 당신은 자신감을 잃어버린 상태이다. 부자에게 반했다면 당신은 그저 돈에 쪼들리고 있는 상태일 뿐이다.

또한 첫눈에 반했을 때는, 그 사람을 보는 것만으로도 지금까지 겪어온 연애경험과 대비되어 기분이 좋아진다. 즉 옛날부터 이상형으로 생각하던 사람과 첫눈에 반한 사람을 자신도 모르는 사이에 동화시켜 '이 사람은 내가 바라던 사람임에 틀림없어' 라고 스스로 최면을 거는 것에 불과하다.

사랑을 환상이라고 말할 수 있다면, 첫눈에 반하는 것도 일종의 풋사랑이다. 그것이 진정한 사랑으로 변할 때도 굉장히 많은데, 첫눈에 반해놓고도 '그저 일시적인 감정일 뿐이야—' 라고 포기한다면 조금 허탈한 기분이 들 것이다. 처음 봤을 때의 불꽃같은 감정을 잘 키워서 '좋은 연애' 를 하게 되면, 그것이 마음의 비료가 된다. 중요한 것은 첫눈에 반한 뒤에 어떻게 하느냐 하는 문제이다.

# 첫눈에 반하는 타이밍

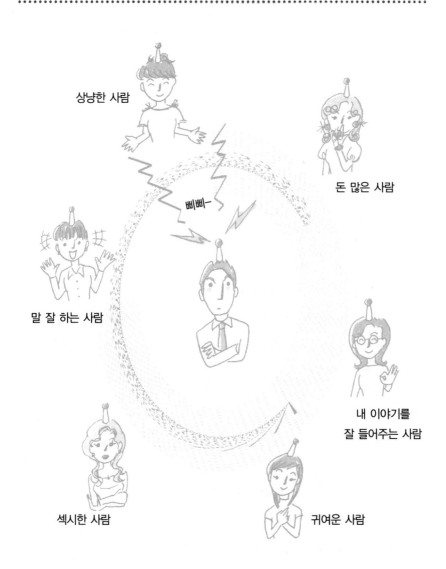

상냥한 사람

돈 많은 사람

말 잘 하는 사람

삐삐—

내 이야기를
잘 들어주는 사람

섹시한 사람

귀여운 사람

## 첫눈에 반해서 시작하는 연애와
## 천천히 만나보고 시작하는 연애는 어느 쪽이 오래 갈까?

쇼핑의 예를 들어 보자. 정말로 사고 싶었던 물건은 바로 사버리지만, 사고 싶은 욕구가 그 정도로 높지 않을 때는 '가격이 조금 내리면 사야지' 라든가 '사이즈가 좀 더 적은 게 있으면 좋았을 텐데' 라고 여러 가지 살 수 없는 이유를 찾다가 결국은 사지 않곤 한다.

그와 마찬가지로 연애상대도 오랜 시간 보아온 상대보다는 첫눈에 반한 편이 본인에게 '기다리고 기다리던' 연애상대라고 생각한다.

그러나 첫눈에 반해서 시작한 연애는 시간이 지날수록 문제가 생기는 경향이 있다. 왜냐하면 첫눈에 반해서 만나게 된 사이는 첫인상이 최고인 경우가 많아서 사귀는 동안에 '외모로 상상했던 것과 실제 성격과는 차이가 있구나' 라고 생각하게 된다.

또한 두 사람이 한꺼번에 첫눈에 반하기는 힘든 일이라서, 대부분 어느 한 쪽이 열렬하게 밀어붙이는 형태로 연애가 시작된다. 그래서 사랑을 주는 편은 약자, 사랑을 받는 편은 강자라는 불공평함이 늘 따라다니게 된다.

　자, 그러면 연애를 시작할 때 시간을 들일 것인가 말 것인가에 대한 문제의 하나로서, 성관계를 맺는 시기에 따라 만남의 지속성에 변화가 있는지를 알아보도록 하겠다. 심리학자 페프로박사는 불특정 다수의 커플을 2년에 걸쳐서 조사한 끝에, 성관계를 갖는 시기와 연애관계의 지속성 여부는 상관관계가 없다는 사실을 알아내었다.

　연애관계에 있어서도 만남을 오래 지속시키고 싶다면 로맨틱한 감정이나 불타는 정열에만 의지하지 말고, 상대방에 대하여 배려하는 마음을 갖는다든지 기본적인 예의를 지킴으로써, 관계유지에 힘쓰는 편이 더욱 효과적일 것이라고 생각한다.

# 연애를 시작하는 형태에 따라서 호감도는 달라진다!?

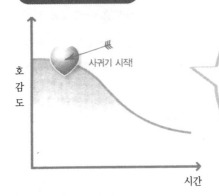

**첫눈에 반하는 타입**

호감도 / 시간 — 사귀기 시작!

> 처음 만났을 때의 인상이 상대방에 대해 갖는 인상의 최고정점인 경우가 많으며, 현실을 알아감에 따라서 호감도가 내려가기 쉽다. 최초의 흡인력은 놀라울 정도이나, 이후 서로의 마음을 유지하기 위해서는 어느 정도의 노력이 필요하다.

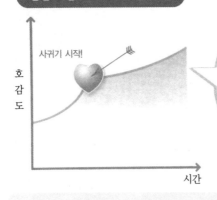

**천천히 알아보고 사귀는 타입**

호감도 / 시간 — 사귀기 시작!

> 원래부터 아는 사이로 서로를 알고 나서 '가까이 지내며 알고 싶어서' 라는 생각으로 사귀게 되는 경우가 대부분. 따라서 상대방을 있는 그대로 받아들이는 관계가 될 수 있다.

**그러나, 관계를 지속시키기 위해서 가장 필요한 일은 한 사람의 어른으로서 연애의 기본적인 규칙을 지키는 것**

# 연애감정이 쉽게 생기려면?

Lesson4

'현수교효과'를 가리켜 심리학에서는 '착오귀속(錯誤歸屬)'이라고 한다. 착오귀속이란 글자 그대로 연애감정의 원인을 착각하여 좋아하지도 않는 상대를 원하게 되는 현상이다.

현수교를 건널 때, 긴장한 나머지 상대방을 좋아하지도 않으면서 '이렇게 가슴이 뛰는 이유는 눈앞에 있는 이 사람을 좋아하기 때문이다'라고 무의식적으로 생각해 버리게 된다. 현수교효과, 무시무시하지 않나?

같은 효과를 가진 것으로 자주 비교되는 예가 도깨비나 제트코스터 등이다. 공포를 느껴서 심장이 빨리 뛸 때도 똑같은 효과가 나타난다.

불경스런 이야기지만 차를 타고 있을 때 속도를 높여도……. 앗, 안 들은 것으로 해 주기 바란다. 안전운전이 제일이다. 저 세상에서 이어진다 한들 무슨 소용이 있겠나?

현수교효과는 '공포' 처럼 무시무시하지 않아도 상관없다.

예를 들어, 문화제나 콘서트·야구의 응원·축제·졸업식·크리스마스·새해와 같이 평소와는 다른 특별한 상황에 놓이게 되면, 상대방을 착각하게 하여 나에게 연애감정을 느끼게 만들 수 있다. 어쩐지 전략적인 이야기가 되어 버렸네.

일상 속에서 보면, 약속시간을 정하고 애인을 만났을 때보다 길에서 우연히 마주쳤을 때 애인이 더 매력적으로 보였던 경험, 없었는지? 우연한 만남이라고 하는 놀랐을 때 발생하는 생리적 변화를 상대방에 대한 연애감정으로 착오귀속하는 것이다.

생각해 보면 가슴이 두근거리는 일은 주변에 널려 있다. 좋아하는 사람이 있거나 최근에 권태기인 커플은 시험해 보는 것이 어떨까?

두근거리는 마음은 네 탓?
현수교실험

심리학자인 다턴박사와 아론박사는 높이가 약 70m나 되는 매우 불안정한 현수교 위에서 이루어진 실험을 통해 현수교효과를 설명하고 있다.

여성을 동반하지 않은 남성에게, 한 여성이 다가가서 실험을 부탁한다. 그리고 1장의 그림을 보여주고 그림에 대한 이야기를 지어 달라고 한다(성적흥분도를 측정하는 것). 그리고 나서 "실험에 대하여 자세한 내용을 알고 싶으니 연락해 주세요"라고 전화번호를 알려준다. 이러한 일련의 흐름을 현수교 안과 현수교를 건너기 전후에서 차례로 실시하였다.

그 결과, 성적흥분도를 조사해 보니 현수교 안에서 이야기를 들었던 사람의 평균치는 5점 중 2.99점, 그렇지 않는 사람은 1.92점으로 나타났다. 또한 여성에게 전화를 걸어온 사람도 현수교 안에서 이야기를 들었던 사람은 20명 중 13명, 그렇지 않은 사람은 23명 중 7명으로 현수교 위에서 들었던 사람들이 훨씬 많았다. 현수교를 건널 때의 두근거림이 사람을 매력적으로 보이게 한다는 말은 사실이었다.

## 첫인상이 좋지 않았지만 연애관계로
## 발전했다면 어떤 심리상태일까?

첫인상이 좋지 않았는데도 연애관계로 발전했다면 첫눈에 반해서 시작된 연애처럼 맹목적인 사랑은 아닐 것이다. 평소에 자주 부딪히면서 만나는 동안에 서서히 상대방의 좋은 점을 발견하고 연인사이로 발전했으니, 친구처럼 편안한 관계일지도 모른다.

연애관계로 발전할 것이냐 아니냐는 외모나 사고방식, 가치관, 성격처럼 '저 사람은 어떤 사람인가' 만으로 결정되는 것은 아니다. 연애는 두 사람 사이의 관계성이라서 '나에게 어떤 사람인가' 라는 점도 중요하다.

특히 자신의 욕구를 채워주는 사람에 대해서는 앞으로도 계속 내 곁에 있었으면 좋겠다고 생각하게 된다. 유머러스한 남성은 여성을 즐겁게 만들어 주는 사람이라서 인기가 있다. 자라온 가정환경이 비슷한 사람은 나를 잘 이해해 주며, 위로를 잘 해주는 사람은 의기소침해진 나에게 힘을 북돋아 준다. 일의 동료로서 전문적인 도움을 주는 사람은, 앞으로도 계속 같이 지내고 싶다는 생각을 들게 한다. 이와 같이 자신을 만족시켜 주는 사람을 좋아하게 된다.

첫인상이 좋지 않았더라도, 자주 만나면서 상대방의 태도를 보거나 경험이 쌓이면서 연애관계로 발전하는 것이다.

**또한** 사랑을 받으려고 노력하는 사람을 매정하게 대하는 것은 많은 사람들이 지니고 있는 공정한 세계관에 반하는 일이다. 즉, 노력은 반드시 보상받는다는 인생관을 갖고 있다면 나를 좋아해 주는 사람을 나도 좋아해 주고 싶다고 생각할 것이기 때문이다.

아직은 살만한 세상이니까.

# 연애로 발전하기 위한 요소

# 질투에 대하여 알아보자

Lesson4

　질투는 우정과 사랑을 나누는 가장 중요한 요소이다. 친구는 그 수
가 많을수록 좋은 것이지만, 연인은 서로에게 유일한 존재일 때 가치
가 있다. 따라서 '상대방을 독점하고 싶어하는 마음'은 극히 자연스
러운 일이다. 그 때문에 연애는 마냥 즐거운 일만 있는 것은 아니다.
행복한 한편, 늘 상대방의 기분이 어떨까 신경을 쓰게 되고 불안이나
불신감에 휩싸이게 된다.

　남성의 경우는 성적인 라이벌이 출현했다는 인식이 질투의 원인이
된다고 볼 수 있다. 이것은 생물학적으로 부성의 불확실성과 관련되
어 있을지도 모른다. '이 아이는 정말로 내 아이일까?' 아이를 낳을
수 없는 남성은 확신이 없다. 이러한 불신감은 질투심을 만든다.

　그리고 내가 상대방에게 투자하고 있다는 생각이 들면, 별 것 아닌
일에도 질투를 한다. 또한 라이벌이 나보다 못하다는 생각이 드는 경
우에 질투심은 더욱 커지게 된다.

　자, 그러면 질투의 대처방법에는 어떤 것이 있을까? 연애로 인한

질투인 경우는 다른 일을 통해 기분을 전환하려는 대상행동을 하지 않는 것이 특징이다. 그리고 질투가 났을 때 남성은 상대방에게 지금까지 했던 것보다 더 잘 해주려고 하는데 비하여, 여성은 질투에 대한 앙갚음을 하려고 다른 남성과 시시덕거리거나 연인의 결점을 찾아내는 등 완전히 상반되는 행동을 취한다.

사실, 연애는 결혼과 달라서 상대방을 옭아매지 않고 자유를 향유할 수 있다. 따라서 질투가 나더라도 지금 이대로가 좋다고 생각하는 커플도 많이 있을 것이다. 그러나 결혼은 사정이 다르다. 행동의 자유 반경은 남편이 훨씬 커서 남편의 바람상대에게 아내가 질투하는 패턴이 대부분이다. 부부가 평등한 기회를 갖고 조건이 마련되면, 결혼 후에 연애게임을 하듯이 서로 질투하는 것도 권태기에는 좋을 수도 있다.

# 질투했을 때 대처하는 남녀의 행동

≪남성의 경우≫

♥ 대화를 나누려고 한다.
♥ 데이트할 때 지금까지 했던 것보다도 더 잘 해준다.
♥ 술을 마신다
♥ 연인의 매력을 재확인하려고 한다.
♥ 마음이 차분히 가라앉기를 기다린다.

# 질 투

≪여성의 경우≫

♥ 다른 사람과 시시덕댄다
♥ 연인의 관심을 끄는 행동을 멈춘다.
♥ 아무것도 하지 않고 사태를 지켜본다.
♥ 다른 사람에게 말한다.
♥ 연인을 무시한다.
♥ 연인의 결점을 찾으려고 한다.

# '끊을 수 없는 악연' 이란 어떤 심리상태인가?

'이 사람은 내가 없으면 안 돼' 라고 믿고 있는 심리상태를 공의존(共依存)이라고 한다.

그 대표적인 예가 알콜중독환자의 가족이다. 그들은 환자가 되어 버린 근친을 보살펴 주는 일로 자신의 정체성을 찾는다. 요컨대, 누군가를 돌보아 줌으로써 본인의 존재의미를 증명하고 있는 것이다.

서로에게 의존하는 시스템이 완성되었기 때문에, 상대방은 언제까지나 당신에게 의지하려고 하며, 알콜중독증세도 개선될 기미가 보이지 않는다. 즉, "이 사람은 내가 없으면 안 돼"라고 말하고 다니는 사람들은 알고 보면 자신을 위해서 관계를 유지하고 있을 뿐이다.

지금까지 헤어지지 않고 있는 데는 또 다른 이유가 있다. 그것은 비교의 문제이다. '내가 선택한 현재의 파트너' 와의 만남을 앞으로도 이어가느냐 마느냐는 선택의 여지, 즉 다른 연애대상이 있는가 없는가에 따라 달라진다.

이것을 선택적 비교수준이라고 하는데, 특별히 만남을 계속 유지할 필요는 없는데도 다른 선택여지가 없으니 헤어지지 못하고, '이 정도 선에서 타협하자' 는 식으로 만남을 이어간다.

그러나 마음속 깊은 곳에서 헤어지고 싶다는 생각이 들면, 결국에는 헤어지게 된다. 일에 실패하는 것도 다이어트에 실패하는 것도, 일이나 다이어트에 성공하겠다는 간절한 마음이 없기 때문이다. 이상에 가까워지기를 포기하고 있으니 실패하는 것은 당연하다.

반대로 무엇인가 이루고 싶은 것을 간절히 바라면 누구나 기도를 할 것이다. '성공하고 싶다!' 라는 동기부여가 되고 있다는 증거이다. 사람은 동기부여로 기합이 들어가면, 꿈을 이루기 위해서 해야 하는 일을 구체적으로 생각하고, 실제로 실행에 옮기게 되는 것이다.

# 타산적인 두 사람의 관계

# '짝사랑에 만족' 할 수 있을까?

Lesson4

 

 

짝사랑의 이유가 어떤 것이냐에 따라 다르다고 생각한다. 사회적인 사정으로 연인이 되지 못하는 사람들도 있다. 혼외관계일 수도 있고, 자신 혹은 상대방에게 이미 다른 연인이 있을 수도 있고, 선생과 제자관계일 수도 있다. 누구를 좋아하게 될지는 스스로 컨트롤하기가 어려운 법.

이러한 경우에는 짝사랑의 상대에게 고백하지 않는 편이 더 좋다. 오히려 그래서 로미오와 줄리엣처럼 불타오르는 것인지도 모르지만, 일시적인 감정일 수도 있고 사회적으로 물의를 일으키게 되니까.

따라서 누구한테도 말하지 않고 혼자서 즐기거나, 그 에너지를 좀 더 유익한 곳에 쓰는 편이 현명하다.

연애감정을 그런 식으로 해소한다니 머리가 모자란 것 같다고 생각하는 사람들은 한번 해보기 바란다.

연애에 있어서는 돌진하는 것만이 능사라고 여기고, 연애하는 것

자체를 고집하는 사람도 많이 있다. 그것이 마치 연애의 승리자나 되는 듯이 말이다.

그러나 본인이 괴로운 연애는 인생의 낭비이다. 그러한 사실을 깨달을 수 있는 사람이 행복한 연애를 할 수 있다고 생각한다. 짝사랑을 즐기기 위해서 감정을 조절하는 것도 충분히 '머리가 좋은' 행동이다.

이와 달리, 상대방과 나 둘 다 싱글인데 상대방이 나를 좋아하지 않는다고 생각해서 그대로 주저앉아 버린다면, 아무 일도 일어나지 않는다. 얼른 고백해 보라.

비록 상대방이 나를 좋아하지 않는다고 하더라도 상대방을 열심히 생각하면서, 어떻게 해야 나에게 관심을 가질까, 지금은 무엇을 하고 있을까 생각하는 것만으로도 하루하루가 즐거워지게 될 것이다.

감정을 잘 다스리면, EQ가 높아진다

바로 얼마 전에, 혜성처럼 등장하여 나오자마자 많은 호응을 얻고 있는 EQ는 Emotional Quotient의 약자로 마음의 지능지수를 말한다. 세계적 베스트셀러가 된 책 《EQ—마음의 지능지수》에서 저자인 다니엘 골드먼은 아래와 같이 사람의 능력을 EQ의 판단기준으로 하였다.

- 자신의 기분을 자각할 수 있다.
- 감정을 다스릴 수 있다.
- 언제나 목표를 향하여 나아갈 수 있는 낙관적인 사고를 갖고 있다.
- 상대방의 감정을 잘 알고 있다.
- 대인관계가 좋다.

요약하자면, 자신의 감정을 통합할 수 있는지 없는지 여부를 판단하는 것이다. 이것을 과연 지수로 측정할 수 있는 것일까라고 생각하겠지만, 분명히 '인생을 잘 사는 사람들' 은 위의 판단기준을 어렵지 않게 통과하리라고 생각한다.

여러분들도 이 사항들을 숙지하여 생활해간다면, 자신을 보다 더 성장시킬 수 있을 것이다. 아무쪼록 도움이 되기를 바란다.

## '스토커'의 심리상태를 알아보자

스토커(stalker)의 원래 의미는 '살그머니 다가가는 사람'이지만, 최근에는 '연애(하고 싶은) 상대가 싫다고 하는데도 아랑곳하지 않고, 집요하게 따라다니는 사람'이라는 의미로 사용되고 있다. 본래의 목적인 연인사이는 되지 못하고, 오로지 따라다니는 것 자체가 목적이 된다. 상대방이 어떻게 생각하든 자신이 노력하는 모습밖에 보지 않고, 거기에 자아도취된 단순한 범죄행동이다.

스토커들은 나르시시즘(=자기애)이 강하다고 볼 수 있다. 자기애가 강한 사람들은 자기현시적이며, 과대적, 자기중심적, 공감결여, 착취적인 특징이 있다. 자신이 제일 좋아한다고 생각한 나머지, 주변을 전혀 개의치 않는 행동을 취한다. 특히 다른 사람의 반응을 이용하여, 자신의 존재를 과시하고 자존심을 세우려고 한다.

따라서 짝사랑의 상대도 자신의 자존심을 만족시키기 위한 도구에 불과하다. 자기애가 강한 사람들이 상대방을 좋아하면서도 괴롭히는 이유는, 사실은 친밀한 관계가 되기를 마음속으로 바라지 않기 때문이다.

자기애가 강한 사람들은 프라이드가 매우 높은데 비해, 실제로는 스스로 자신감이 없다는 사실을 잘 알고 있다. 그 때문에 친밀해지면 상대방이 실망할까봐 불안해 한다.

이러한 연애타입은 '광기적인 사랑'의 경향이 강하다는 특징이 있다. 연인을 지배하고 자기 생각대로 조종함으로써, 불안감을 해소하려고 한다.

자기애가 강한 사람은 실제로 사귀는 연인으로부터도 '처음 만났을 때는 좋았는데, 거짓말도 잘 하고 점점 태도가 변한다', '연인에게 자기 멋대로 한다'와 같은 평을 듣는다. 그들에게는 연애가 지배욕과 프라이드를 채우기 위한 수단에 불과하지 않은가 추측해 본다.

# 내 애인의 스토커 경향을 알아보자!

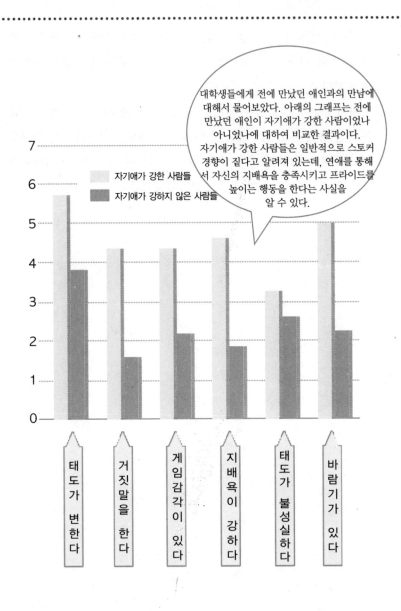

대학생들에게 전에 만났던 애인과의 만남에 대해서 물어보았다. 아래의 그래프는 전에 만났던 애인이 자기애가 강한 사람이었나 아니었나에 대하여 비교한 결과이다. 자기애가 강한 사람들은 일반적으로 스토커 경향이 짙다고 알려져 있는데, 연애를 통해서 자신의 지배욕을 충족시키고 프라이드를 높이는 행동을 한다는 사실을 알 수 있다.

자기애가 강한 사람들

자기애가 강하지 않은 사람들

태도가 변한다

거짓말을 한다

게임감각이 있다

지배욕이 강하다

태도가 불성실하다

바람기가 있다

## 이메일이나 전화를 통해서 얼굴을 보지 않고도
## 연애가 가능한 것은 왜일까?

Lesson4

최근에는 얼굴도 모르는 사람과 이메일이나 채팅으로 사귀는 것이 드문 일도 아니다. '메일이나 채팅을 통한 사람'이라는 조건이 붙은 상대임에도 불구하고, 그것이 마치 진실한 연애상대인 것처럼 생각하는 사람도 많은 것이 사실이다.

그러나 이것은 어디까지나 버추얼 리얼리티(virtual reality), 즉 가상현실에서의 사람이다. 거기에 있는 것은 그 사람 자체가 아니라 그 사람이 내놓은 정보로부터 완성한 자신의 상상에 불과하다. 그 사실을 알고 난 후, 자신이 상상했던 인물과 연애하는 것은 자유이다. 그러나 그것은 어디까지나 자신이 만들어 낸 인물상이라는 것을 마음에 새겨둘 필요가 있다.

인간관계는 실재하는 사람과 사람의 관계라서 이메일이나 채팅에서 이루어지는 연애는 '유사' 연애에 불과하다. 실재하는 상대에 대해서도 그 사람의 현실을 전혀 모르고 있는 것이다. 마음대로 상황을 상상하고, 마음대로 환경을 그려간다. 거기에는 기분을 해치는 요인이 없기 때문에 혼자서 들뜨게 되는 것이다.

이성상의 경우는 가상현실과 현실의 경계가 애매해지기 쉽다고 할 수 있다. 만화나 애니메이션에는 현실에서 볼 수 없는 스타일이나 인물을 얼마든지 그려낼 수 있다. 섹스 어필도 문제없다. 그나마, 살아 있는 이성과 가까이서 생활하고 있는 사람은 만화나 애니메이션에 나오는 이성상이 가상현실이며 실제에서는 존재하지 않는다는 사실을 잘 알고 있다.

가상이라는 사실을 잘 알고 그것을 즐기고 있다면, 그것은 하나의 유희에 불과하다.. 그러나 현실과 가상의 구별을 혼동하여 열중하게 되면 나중에 현실을 맞닥뜨리고 깊은 실망감을 맛보게 될 것이다.

# 혼자서 완성하는 가상연애

이 여자는 내가 좋아하는
타입이 분명해!!

## ■ 이성에 대한 인지도에 남녀차이는 있을까?

남자학교, 여자학교와 같이 동성만 있는 학교에서 생활을 했다면 이성과 접할 기회가 매우 적어, 문화제와 같은 특별한 날에나 만나게 된다.

그런 탓인지, 남자학교의 학생은 공학의 학생보다도 성인잡지 등을 읽을 기회도 많아서 남녀의 차이를 크게 인지하고 있는 것 같다. 여자학교의 경우는 공학과 큰 차이가 없는 것 같고, 공학과 비슷하게 이른 시기부터 남녀의 차이를 의식하기 시작한다.

남자학생에게 공학인가 아닌가에 따라서 차이가 나는 것은 이성으로의 기대나 상상력이 여자학생보다 높고 '발정 중' 이기 때문일지도 모른다.

## 소꿉친구에게 연애감정이 있거나,
## 반대로 연애감정이 없는 심리는 무엇인가?

Lesson4

여자아이에게 초경이 오거나, 남자아이에게 변성기와 몽정이 시작되는 혹은 남녀 모두 어른의 체형으로 변해가는 현상을 제2차 성징이라고 한다. 이와 같은 변화가 나타나는 시기를 사춘기라고 하는데, 이 시기는 신체의 변화와 더불어 '인격의 재체제화'가 일어난다. 과장되게 말하면 청년기 전후에 '사람이 변한 것처럼' 달라지게 된다.

인격의 재체제화는 주변사람들이 본인을 보는 눈이 달라짐에 따라 촉진된다. 즉 '자신이 사람들에게 어떻게 비춰지는가'를 단서로 본인이 자신을 바꾸게 되는 것이다. 타인은 나를 비추는 거울의 역할을 한다.

소꿉친구는 제2차 성징 전에 사귀던 상대라서 그 당시에 좋아하던 타입이었더라도 청년기 이후에는 똑같은 연애감정을 품을 수는 없다. 전혀 다른 사람이 되어버렸기 때문이다.

반대로 초등학생 시절에는 연애감정이 없었더라도 남자답게 혹은 여자답게 변한 상대에게 연애감정을 갖게 되는 경우가 있을 것이다. 가끔은, 어릴 때도 좋아했는데 청년기를 거쳐 변하더라도 여전히 매력을 느낄 수도 있다.

소꿉친구라며 옛날의 모습들을 기억해 내고는 서로 멋쩍어했던 경험도 있겠지만, 결혼까지 이른 케이스도 많다고 들었다. 소꿉친구이기 때문에 연애감정이 생기지 않는다는 말은 사실이 아닌 것 같다. 사춘기 이후에는 누구나 이성에게 자기 나름대로의 성적매력이 더해지기 때문이다. 집이 가깝다거나 학교가 같다면 경험해온 일이나 공통점도 많아서 연애관계가 싹트는 계기도 많은 것 같다.

그렇다면 소꿉친구가 아니더라도 좋아하게 되는 상대는 나와 가까운 곳에 있는 경우가 많다고 볼 수 있겠다.

# 소꿉친구의 변천

유치원에 두 사람이 손을 마주잡고 가고 있다

중학생이 되면, 서로 의식하며 모른 척한다

서로를 한사람의 어른으로 볼 수 있다

## 성별에 구애받지 않고 연애를 하는 사람의 심리상태는?

Lesson4

동성애의 빈도를 처음으로 조사한 의사, 벤켈트박사에 의하면 동성애자는 1.3%, 양성애자는 3.8%였다고 한다. 동성애자 비율이 생각보다 크게 나왔다고 생각한 사람들도 많이 있을 것이다.

동성애자는 마이너리티(소수파)이기 때문에 커밍아웃하기가 힘든 것일 뿐이다. 또한 적지 않은 사람들이 동성애자를 이상한 사람들로 취급하는 것은 사회에 존재하는 차별이나 편견 때문일 것이다.

동성애자와 이성애자의 차이는 성지향(性指向)이나 성자인(性自認)의 차이에서 기인한다고 생각한다. 성지향은 동성과 이성 중, 어느 쪽에 흥미와 관심을 갖고 있는가에 대한 문제지만, 성자인은 자신의 성을 남성이라고 생각하는가 여성이라고 생각하는가에 대한 문제이다. 성자인의 경우에는 자각하고 있는 성이 남성이거나 혹은 여성이기 때문에, 스스로는 동성애라는 인식이 거의 없을 수도 있다.

성자인은 한 살 반부터 두 살 경에 정해진다고 보고 있다. 한편, 성지향은 분명하게 구별되는 것이 아니라서 누구나 '나는 동성애자일

애정의 다양한 모습을 심리학으로 알아보자! | 175

지도 몰라' 라고 생각해도 이상한 일이 아니다.

단, 동성애의 원인으로는 유전적 요인에 따라 결정된다는 연구결과가 있으며, 출생시 모친의 연령이 많아 막내로 태어난 경우나, 태아일 때 모체가 받은 스트레스로 인한 경우에 발생가능성이 높다는 연구결과도 나와 있다.

동성애의 심리에 대해서는, 많은 사람들이 '왜 이성을 좋아하는 가?' 라는 질문에 대답할 수 없는 것처럼, 동성애의 경우에도 '왜 동성을 좋아하는가?' 라고 물어도 대답할 수 없다고 생각한다. '이성애는 생식으로 결합되었기 때문이다' 라고 대답하는 사람이 있을지도 모르지만, 인간은 생식과는 무관한 성행위가 거의 대부분 아닌가?

동성혼인으로 흔들리는 미국

　2004년 초부터 미국에서는 동성혼인을 둘러싸고 논쟁이 계속되었다. 2월에 캘리포니아주 샌프란시스코시 당국이 미국에서는 최초로 56쌍의 동성애 커플에 대하여 결혼 허가서를 발행한 후, 세계적으로 이슈가 되었다. 이를 전후로 미국 각 주에서도 다양한 논의와 많은 재판이 이루어졌다.

　결국에는 부시대통령으로부터 '결혼은 남녀의 신성한 결합이다. 재판 결정으로 이 정의를 바꾼다면, 헌법상의 수속을 밟아 저항하지 않을 수 없다' 라는 말이 나오는 사태로까지 발전되었다. 다시 말해, 헌법에 '결혼은 이성간에만 가능하다' 와 같은 제한을 추가할 필요가 있다고 말한 것이다. 대통령선거와 같은 정치적인 배경도 엿보이는 순간이지만, 이러한 이야기가 대통령의 입에서 나왔다는 사실은 미국 내에서 이미 무시할 수 없는 상황이 되었기 때문이다. 한국에서도 머지않아 이 문제가 이슈화될 날이 올 지도 모를 일이다.

# 태초부터 왜 '여성'과 '남성'의 구별이 생겼을까?

지구탄생 후, 최초로 출현한 생물은 단세포로 무성생식을 하였다. 즉, 스스로 복제하고 증식을 한 것이다. 인간으로 말하면, 모든 사람이 '김철수'인 것처럼 말이다.

무성생식은 이성을 구할 필요도 없고, 부모도 하나만 있으면 되기 때문에 쉽게 증식할 수 있었지만, 동시에 쉽게 멸종될 수도 있었다. 왜냐하면 하나의 종 안에 다양성이 없어서 그 종에게 적합하지 않은 환경으로 변하면, 모든 개체가 파멸할 가능성이 있었기 때문이다. 적합하지 않은 환경이란, 갑자기 빙하기가 된다거나 신종 바이러스에 기생되는 일들을 말한다.

따라서, 15억 년 전 경부터 유성생식이 시작되었다. 수컷과 암컷은 유전자를 한데 융합하여 새롭고 다양한 개체를 만들어내기 시작하였다. 그리고 종을 멸종위기에서 구하였다.

인간이라는 종도 예외는 아니어서, 남성과 여성이 존재하게 되고 이들이 합체하여 종을 남기는 것은 종의 보호라는 측면에서 매우 다행스러운 일이었다. 독일어나 프랑스어와 같이 많은 언어에서 '남성명사', '여성명사'를 구별하고, 일본에서는 학은 남성, 거북이는 여성을 상징하는 등, 모든 인공적인 성이 만들어져 왔다. 이렇게 함으로써, 종의 보호, 자손번영의 길흉을 가려왔던 것이다.

단, 인간인 남성과 여성의 경우는 수컷과 암컷의 그것과 비교하면 차이가 훨씬 크다. "당신은 남자로 태어나서 좋습니까?"라고 물어보면 생물로서의 남자인 자신보다도 사회생활을 영위하는 남자인 자신을 떠올리며 답하는 경우가 많지 않은가? 종의 다양성을 보증해 주기 위한 성이 사회생활의 편의상, 남자인가 여자인가를 구별하는 데만 이용되어 '인간의 다양성=개성'을 희생하지 않았으면 하는 바람이다.

# 매일 바이러스 메일을 받고 받아도…

> 컴퓨터도 섹스를 할 수 있다면 바이러스에도 끄
> 떡없는 신종 컴퓨터가 잇달아 생길지도 모를 일

사랑과 섹스의
심리학을 알아보자!

# 여성보다 남성이 섹스에 대한 관심이 높은 이유는?

Lesson5

남녀사이에 섹스에 대한 관심도가 차이 나는 이유 중 하나는 생물학적인 차이에 있다. 그러나 유흥업소나 잡지에서 보여지는 섹스에 대한 관심은 정말로 사회적 행동에 의한 것이다. 이것은 주위의 환경에 따라 후천적으로 커지는 욕구이다.

남성이 섹스에 대한 관심이 높다고 생각되는 이유로서는 다음의 3 가지를 들 수 있다.

첫 번째로 사회생활의 차이이다. 남성은 밖에서 일을 하는 역할이 여성보다도 많다. 동료에게 권유를 받는다거나 정보에 대한 접근이 간단하며, 결혼 후에도 남성이 여성보다 자유로운 편이다.

두 번째로 남성이 리더하기를 여성은 기대하고 있거나 또는 기대할 거라고 남성이 생각하고 있다는 점이다. 남성은 섹스에 관하여 무조건 여성보다도 많이 알고 있어야 한다고 생각한다. 따라서 실전에 들어가기 전에 '연습'이 필요하다고 생각한다.

세 번째로 몸의 형태이다. 여성은 성적으로 흥분하면 유두가 서는 것과 같은 변화는 있지만, 매우 미약하다. 그에 비하여 남성은 스스로 눈에 띄는 모습으로 변화한다. 그것을 보고 더욱 흥분하는 것이다. 이러한 상황을 심리학에서는 '자기지각'이라고 한다. 자신의 태도나 감정과 같은 스스로의 행동을 외적단서로 보는 것이다.

예를 들면, 문득 차의 속도를 과도하게 올리는 자신을 깨닫고 '내가 지금 당황하고 있구나'라는 심리상태를 알게 되는 것과 마찬가지이다. 따라서 자신이 발기했다는 것을 자기지각→자신이 흥분하고 있다는 것을 알게 되고→보다 흥분이 고조되는 것이다. 이런 점에 있어서도 여성보다 남성이 성욕이 많다고 할 수 있겠다. 그렇다면 여성은 남성의 변화를 '관찰'하여 흥분하는 방법이 있을 것이다. 아마도……

# 남성의 섹스에 관한 레벨 3

'생물학적' 행동인가, '사회적' 행동인가?

삼각형은 사회적 요인, 역삼각형은 생물학적 요인의 영향의
크기를 나타내고 있다. 사정을 하는 신체적 · 생물학적인 행동은
사회적인 요인의 영향이 적다고 할 수 있다.
반대로 비디오를 보는 등 환경에 따라 변화하는 사회적
행동은 생물학적 요인의 영향이 적다고 할 수 있다.

생물학적 요인의
영향

대

사정한다

여성에게 관심이 있다

유흥업소에 간다,
비디오를 본다

소

대

소

사회적 요인의
영향

# 여성전용 유흥업소가 적은 이유는
# 여성이 섹스에 관심이 없기 때문이다(?)

앞서의 내용에 이어서 여성의 성에 대한 관심이 남성보다 낮은 이유는 환경에 따라 사회적인 행동폭이 좁기 때문이라고 생각한다.

이와 더불어 섹스에 관한 남성에 대한 기대와는 상반되게 여성은 섹스에 관심을 갖는다거나 적극적이 되면 세간의 비난을 받기 쉽다. 게다가 여성이 유흥에 빠지는 모습은 사회적으로 용납될 수 없는 일이다.

여성은 정숙하게 성에 대하여 소극적인 모습을 보이며 한 걸음 물러서 있다가 '일루와!' 하는 사람에게 비싸게 팔리는 것만이 살아가는 수단이 되는 사람도 있다는 사실 또한 부정할 수 없다. 이러한 점만을 보면 상대방의 돈만 보고 결혼하는 여성과 유흥업소에서 일하는 여성은 공통점이 있다고 생각한다.

또한 여성이 섹스에 대한 관심을 전면에 내세우지 않는 이유는 남성과는 달리 임신에 대한 걱정이 늘 따라다니고 있기 때문이다. 여성은 위험을 무릅쓰면서까지 섹스를 하고 싶어 하지는 않는다.

그러나, 다른 한편으로 여성의 성에 대한 관심이 조금씩 증가하고 있는 것도 사실이다. 남성탤런트를 기용한 누드사진집이나 여성지의 섹스특집호는 매우 잘 팔리고 있다고 하며, 레이디스코믹(여성만화잡지)이라 불리는 야한 만화도 상당한 매상고를 올리고 있다고 한다. 이러한 것들도 남성의 유흥에 대한 관심과 마찬가지로 사회적 행동이 된다.

단, 여성의 경우는 좋아하는 사람과의 섹스에는 굉장히 관심이 많으며, 그 때문에 레이디스코믹 등을 읽고 매일 연구한다고 하는 편이 옳다고 할 수 있다.

이렇게 적극적인 여성들을 남성들도 차츰 받아들이는 사회로 변해가고 있는 것일지도 모른다. 이것도 나름대로 바람직한 경향일 것이다.

# 여성의 사회적 행동에도 변화가 오고 있다

# '사랑이 없는 섹스'는 성립할 수 있는가?

Lesson5

섹스 후에 연애감정이 생기는 경우도 있기 때문에 '사랑이 없는 섹스'는 성립할 수 있다고 생각한다. 단순접촉효과로 누군가를 좋아하게 되는 경우도 있으니까.

유흥업소에 가는 것은 실로 사랑이 없는 성행위이다. 오히려 그 후에 상대와의 연애를 '피하고 싶기' 때문에, 유흥업소에 가는 경우도 있을 것이다. 유흥업소에 종사하는 사람들도 일이기 때문에 상대에게 일일이 애정을 주는 것도 성가신 일이 아닐까. 단, 이 경우에도 섹스를 통해 유사연애를 즐기는 사람들은 있을 것이다. 서로에 대해서 충분히 알고 나서 섹스를 하는 것은 귀찮은 일이지만, 인간의 온정이 필요하다느니 말하는 상황은 피할 수 있으니까. 어디까지나 유사한 연애라서 진실한 사랑이 아니라는 것이 문제이다.

옛날에는 대화는커녕 상대방의 얼굴도 제대로 못 보고 부모님이 정해주신 대로 결혼하는 경우가 많았다. 이 경우, 결혼했다고는 하지만 당초 '사랑이 없는 섹스'를 하는 것이다. 이렇게 결혼을 했던 부부지만, 긴 시간이 흘러서 묵묵히 사랑을 키우게 된다. 즉 처음에는 사랑이 없는 섹스를 했더라도, 섹스를 하고 나서 부부애가 생길 수도 있는 것이다. 게다가 옛날 사람들이 이혼율도 낮았다. 체면에 구애받던 시대였다는 점도 무시할 수는 없지만, 그래도 일생을 해로하며 행복하게 살았다.

'사랑이 있다' 혹은 '사랑이 없다'는 섹스하면서 생각하는 것이 아니라 섹스가 끝난 후, 두 사람의 관계를 어떻게 할까 결정할 때 생기는 문제라고 생각한다. 그런 불안정한 관계를 바라지 않는다면 역시 처음부터 사랑을 키우고 나서 섹스를 하는 방식이 현명할 것이다.

# 애정과 섹스의 개념

## 사랑이 없는 섹스는 하지 않는다

서로 사랑하고 있다는 사실이 보증되었다면 섹스를 해도 좋다고 생각하는 사람들. 섹스에 중점을 두지는 않지만, 사랑을 인지하기 위해서는 필요하다고도 생각하는 타입.

## 섹스는 친밀해지기 위한 수단

서로를 깊이 알기 위하여 섹스를 하는 사람들로 섹스를 즐긴다는 생각을 갖고 있다. 사랑이 있다면 더욱 좋겠지만, 없어도 상관없다는 타입의 사람들.

## 결혼할 때까지 기다린다

상대방을 성적인 대상으로 보지 않음으로써, 사랑과 존경을 증명할 수 있다고 생각하는 타입. 결혼의 형식을 사랑의 보증으로 삼았을 때, 비로소 섹스도 가능하다고 생각한다.

# 가까운 사람에게 성폭력을 당하는 이유는 무엇인가?

성폭력 중 반수 이상이 지인들에 의한 범행이며, 여기에는 친한 친구나 가족도 포함되어 있다. 가깝게 지내는 사람으로부터 성폭력을 당한 경우에는 피해자가 공개하지 않는 경우도 있으리라 생각되기 때문에 실제 피해상황은 훨씬 많을 것이다.

연인사이나 부부와 같이 가깝고 친밀한 관계에 있는 사람에게는 누구나 '저 사람은 나를 좋아하고 있어. 그러니까 나는 무슨 짓을 해도 용서해 줄 거야'라고 만만하게 보는 경향이 있다. 연애에서는 적어도 이러한 감미로운 환상이 필요하기는 하다. 단, 그것이 도를 넘어서서 현실을 벗어나면 올바른 상황파악을 할 수 없어 성폭력과 같은 문제가 일어나는 것이다.

소위 데이트성폭력이라고 불리는 행동도 그러한 경우로 볼 수 있는데, 파트너의 'No'를 'Yes'로 파악해 버리면 강간사건이 발생하는 것이다. '입으로는 싫다고 했지만, 속으로는 나랑 섹스하고 싶다고 생각하고 있어'라고 자기 멋대로 생각하거나, '어쩌면 저 애가 나보다 더 좋아할 지도 몰라' 라고까지 생각해서 상대방이 바라고 있으니 자신은 강간의 흉내를 내는 것이라고 자기 편할 대로 생각하는 사람도 있다.

그러나 남녀간의 생각 차이가 이러한 트러블을 일으키는 것은 사실. 섹시하게 옷을 입은 여성은 모두 자신을 유혹한 것이라고 생각하거나, 흉기로 협박하지 않으면 강간이라고 볼 수 없다고 생각하는 사람도 있을 것이다. 그리고 술이 들어가면 그러한 생각이 더욱 강해진다.

가깝게 지내는 사람일수록 자신의 생각을 상대방의 생각과 결부시켜서 제멋대로인 행동으로 치닫는 것일 지도 모른다. 성폭력이라고 하는, 표면적으로는 매우 폭력적인 행위의 뒷면에는 상대방에 대한 이기심이 잠재되어 있을 가능성이 높다.

잠깐칼럼

사건 후에도 피해자의 정신적
고통은 계속된다

　경찰백서에 따르면 성폭력의 인지건수는 1997년까지는 연간 약 1,500건 정도였던 것이 2001년에는 2,228건으로 증가경향에 있다. 이것은 여성경찰관이 사정청취를 실시하게 되고, 전화 상담창구도 설치되는 등 피해자에 대한 배려가 영향을 주었을 것이다.

　그러나 조사나 법정에서 "스스로에게 빈틈은 없었나요?"와 같은 질문이나, 다른 이성과의 교우관계 등을 물을까봐 피해신고를 내지 않는 경우도 의외로 많다고 생각할 수 있다. 따라서 실제로 피해건수는 이 숫자의 100배를 넘을 것이라고 한다.

　사정청취에서 더욱 깊이 들어와 법정까지 넘어온 경우에는 자신의 고통을 다시 떠올려서 피해체험을 말하지 않으면 안 되기 때문에 마음의 상처를 건드리는 꼴이 된다. 이와 같이 나중에까지 영향을 미치는 피해자의 정신적 고통은 두 번째 성폭력으로 불리며, 문제화되고 있다.

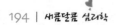

# 섹스의존증이란?

Lesson5

　의존증은 기벽(嗜癖)이라고 한다. 약물이나 알콜 등을 습관적으로 복용하고, 그 때문에 약효가 저하되어 더욱 복용량이 증가하는 증상이다. 그리고 복용을 중단하면 자율신경마비, 경련 등이 일어난다. 섹스의존증이란, 이렇게 약물이나 알콜에 의존하는 것과 마찬가지로 일시적 쾌감을 통해 고독이나 괴로움으로부터 회피하기 위하여 섹스에 의존하게 되고 멈출 수 없는, 말하자면 '색광'의 동의어로서 만들어진 단어이다.

　체질적인 개인차는 물론 있지만, 남녀에 불문하고 누구나 섹스를 하고 싶어한다. 섹스를 함으로써 즐거움을 '학습'하는 경우도 있을 것이다. 섹스의 즐거움을 알고, 그 때문에 점점 섹스를 하고 싶어지는, 그리고 거기서 다시 새로운 즐거움을 맛보는—행복한 순환 속에 있는 사람도 적지 않을 것이다. 단, 그 순환고리 안에서는 의존증으로 불릴만한 어떠한 근거도 없다.

　그러나 이것이 '의존증'으로 낙인이 찍혀 문제시되는 이유는 약물

의존과 마찬가지로 내밀성(內密性)이 높은 행위라서 상대방과의 '특별한' 신뢰관계나, 상대방이 전면적으로 받아들인 서포트관계가 탄생한 것처럼 착각을 일으키기 때문이다. 통상 인간관계를 생각해 보면 알 수 있듯이, 신뢰관계와 서포트관계는 하룻밤 사이에 만들어지는 것이 아니다. 그러나 현실에서는 친구관계도 잘 만들지도 못하는 사람이 이성관계만은 간단하게 맺어버리는 경우가 자주 있다.

섹스의존증으로부터 빠져나오기 위해서는 현실의 문제에 정면으로 대응하여 해결하기 위해 노력하는 것이다. 물론 올바른 사회생활을 하고 있다면 섹스가 좋아서 '왕성' 하다고 해도, 그것을 의존증이라고 하지 않는다.

여자라는 사실이
무기가 된다?

한 남성이 말하길 "남자들은 모두 섹스의존증"이라고 하였다. 이것을 바꿔 말하면, 여성은 기본적으로 남성보다 유리한 입장에 놓여있다는 말이 되겠다. 왜냐하면 여성은 남성에게 '계속 만나 준다'라는 말로 공치사할 수 있기 때문이다. 이것을 '관계세력'이라고 한다.

그러나 여성은 거기에 얽매여 스스로에게 어리광을 부리지 않도록 하자. 어리광을 부리는 것은 여성에게 단점이 될 수 있다.

아버지들의 경우, 아들에게는 어엿하게 한 사람의 사회인이 될 수 있도록 학력이나 인생경험을 쌓게 하는 반면, 딸에게는 '여자가 공부 많이 해봤자 소용없다, 인형처럼 예쁘기만 하면 되지'라고 생각하고 있지는 않나?

학교 선생님들도 여학생들에게는 '여자답게'를 강조하며, 직장에서는 '여자'라고 봐주지 않던가?

당장에는 이득을 봤다고 생각할 수도 있다. 그러나 거기에 만족하면 머리를 쓰는 일도 맡지 못하고 경력다운 경력도 쌓지 못하다가, 결국에는 승진의 길에서 멀어진다.

그렇게 나이를 먹다 보면 어리광을 부려도 안 먹히고 나보다 어린 여성을 질투하는 운명에 놓이게 되니, 이와 같은 일이 생기지 않도록 노력하자!

# 바람은 왜 피는가?

Lesson5

우선, 연인이 아닌 다른 사람에게 연애감정을 느끼는 바람기에 대하여 알아보겠다. 비록 연인이 있더라도 상대방은 살아있는 인간이기 때문에 당신의 이상향을 완벽하게 실현시켜 줄 수는 없다.

따라서 당신이 열렬하게 맹목적인 사랑의 환상에 빠져들었을 때 이외에는 언제라도 바람을 필 가능성이 있다.

단, 바람을 부추기는 상황은 있을 것이다. 그것은 앞서 설명한 바와 같이 연인이 '광기적인 사랑'을 하는 경우이다. 상대방이 당신에게 질투가 날 정도로 사랑을 쏟을 때, 당신은 상대방의 독점욕 탓에 구속을 받는다. 그러면 심리적으로 반발이 생겨 자신이 누려야 하는 자유를 다시 찾고 싶다는 생각이 간절해진다. 그래서 상대방에게 구속당하고 있다면, 오히려 바람으로 맞서게 된다.

다음으로, 결혼 후에 피는 바람에 대하여 생각해 보자. 아무리 결혼생활을 하고 있어도 연애와 섹스는 차츰 분리되어 간다. 지금까지는 마치 남성들만이 생리적으로 섹스상대자가 필요하여 부인 말고도 복수의 여성을 동시에 상대할 수 있는 것처럼 생각되어 왔다.

　그러나 투고잡지 《와이후》의 조사에 따르면, 바람을 핀 부인의 80%가 동시에 남편과의 성관계를 지속했다는 결과가 나왔다.

　결과를 놓고 보면, 부인이나 남편이 아닌 사람에게 연애감정이 생기는 점에서도, 연애와 섹스가 분리되는 점에서도 남녀간에 차이가 거의 없다고 할 수 있겠다.

　결혼은 인간의 연애감정을 사회제도상 분란이 생기지 않도록, 법률상에서 '올바른' 연애와 '부정한' 연애로 나누는 것일 뿐이기 때문에 혼외의 연애감정을 '도리에 어긋나는 행동' 이라고 나쁜 놈 취급을 하는 일은 사회적으로는 어찌 되었든 간에 생물학적으로는 무리가 있다고 생각한다.

# 구속이 바람을 부추긴다!?

## ■ 심리적 반발 이론

사회심리학자 블레임이 제창(1966년). 사람은 자유를 제한당하면 그 자유를 회복하고 싶다는 동기가 발생한다. 반발(Reactance)은 제한된 자유가 자신에게 중요한 것일수록, 그리고 제한된 자유가 많아질수록 커진다.

예를 들면, 누군가의 제안에 대하여 우선 부정하고 보는 사람이 있다. 이 사람은 제안의 좋으냐 싫으냐를 떠나서 자신의 자유를 지키는 것에 필사적이 되기 때문에, 반발력이 강한 사람이라고 할 수 있다.

# 부부가 '섹스리스(sexless)'가 되는 이유는?

　어떤 부부는 빨리 두 번째 아이를 낳고 싶은 마음은 있으나 '남편이 집에 돌아오면 바로 곯아떨어져서 섹스를 하려고 해도 기회가 없다'라는 한탄을 하였다. 심리적인 문제 이전에 물리적으로 부부가 서로 만날 기회가 너무 적은 것이 가장 큰 원인이라고 생각한다. 남편의 귀가시간이 늦거나, 잔업이 없더라도 직장동료와 한 잔하고 들어오거나, 집에서는 부인과 아이들이 함께 자느라고 부부침실이 없거나 등 여러 가지 이유를 들 수 있다.

　심리적인 문제로는, 남편이 어머니에게 지나치게 의지하여 자란 경우를 들 수 있다. 이런 타입의 남성은 부인에게 자기 어머니의 역할을 바란다.

　부인에게 아이들 엄마로서의 역할만을 기대하는 것도 문제지만, 그러기는커녕 남편 자신도 부인을 어머니 대신으로만 생각하는 경우도 문제이다. 부인도 남편이 자기에게 바라는 것이 어머니 역할이지 부인이 아니라는 사실을 알고 있어서 아예 남편과 로맨틱한 시간을 보낸다거나, 섹스를 하겠다는 생각은 하지도 않는다.

**또한,** 남편에게 모든 것을 맡기고 부인은 수동적인 자세를 취하는 데 문제가 있는 경우도 있다. 여자가 성에 적극적이어서는 안 된다는 규범의식이 더해져서 더욱 소극적이 된다. 그러나 사랑을 하는 사람은 남편, 사랑을 받는 사람은 부인이라고 하는 정해진 공식은 없다.

섹스만으로 부부관계가 좋은지 나쁜지 규정할 수는 없다. 그러나 부부 중 누군가가 섹스리스를 불만이라고 느끼고 있다면 그것 역시 문제가 된다. 낡은 고기에는 떡밥을 주지 않는 남편, 낚이고서 꿈쩍도 하지 않는 아내가 되어 서로가 상대방을 우울하게 만들고 있지는 않는가? 의외의 한마디가 상대방에게 큰 상처가 되어 섹스리스가 된 경우도 많다고 한다. 결혼 후에도 상대방을 배려하는 것—이것은 부부라는 파트너—이전에 사람으로서 당연히 필요한 행동이다.

# 가까운데 있으면서도 먼 존재가 된다

# 연인이었을 때와 부부가 되고 난 후의
# 섹스는 의미가 다르다(?)

상당히 다르다고 생각한다. 연인들은 생활을 함께 하지 않는 경우가 많고, 누구에게 폐를 끼치는 것도 아니라서 무엇을 해도 자유로우며, 싫어지면 헤어지면 그만이다. 그런 의미에서는 순수하게 연애만, 섹스만을 즐길 수 있다. 극단적으로 말해서, 상대방을 배려하지 않고 내 기분만을 생각해서 섹스를 할 수도 있는 것이다. 상대방이 질색을 해도, 헤어지는데 별로 부담이 없으니까.

그러나 결혼을 하면, 서로를 둘러싸고 있던 사회환경이 크게 변하게 된다. 여성이 결혼하여 출산퇴직을 하고 나면 결혼은 바야흐로 생활이다. 남성에게도 결혼상대는 가사나 육아를 책임져야 하는 사람이 된다. 그렇다는 사실은 혼자만이 섹스를 즐겨서도 안 되며, 섹스를 통해서 상대방을 기쁘게 할 수 있도록 때로는 '의무감이나 연기'가 필요하다는 말이다.

단, 의무나 연기를 하는 자신을 비극의 주인공인양 생각하는 것은 심한 비약이라고 생각한다. 결혼상대에게 연기를 하면서까지 섹스를 하는 이유는 결국 자신을 위해서이기도 하다. '동정은 진정 그 사람을 위함이 아니니…….' 상대를 섹스로 기쁘게 함으로써, 상대방이 건강하고 활기차게 생활해 준다면, 그것이 돌고 돌아 나에게도 이득을 가져다 줄 것이다.

이러한 '의무감이나 연기'가 용납되지 않는 사람들은, 서로가 헤어지려고 하면 언제라도 헤어질 수 있도록 경제면이나, 생활면에서도 자립해야만 할 것이다. 그러면, 생활에 구속받지 않은 섹스가 가능하기 때문에, 언제까지나 연인의 기분으로 순수하게 섹스를 즐기는 것이 가능하다.

장수의 비결!?

    섹스리스의 정의는 다양하게 논의되고 있지만, 사람들마다 사고방식도 가지각색이어서 확실하게 이거다라고 정의할 수 있는 문제도 아니다. 그러나 출산의 의무를 마치고 난 후의 성생활은 부부간에 있어서 중요한 커뮤니케이션수단이 아닐까 생각한다.

    장수의 비결 중에 부부간의 스킨십이 있다고 하는데, 확실히 부부간의 거리를 좁히는 데는 매우 좋은 방법이라고 생각한다. 미국이나 유럽에서는 무슨 일을 해도 두 사람이 행동의 중심이지만, 한국에서는 결혼 후에 두 사람이 함께 하는 행동이 극단적으로 줄어든다. '남자는 직장, 여자는 가사 · 육아'라는 생각이 철저하기 때문이다. 따라서 아이들이 독립한 후, 남편이 퇴직하고 나서 모처럼 부부만의 오붓한 시간을 가져도, 무엇을 해야 좋을지 모르겠다는 사람들이 꽤 많은 것 같다.

    나중에, 부부에게 갱년기장애가 생겨 스킨십을 하고 싶어도 할 수 없게 되는 경우도 있을 것이다. 부부사이가 타인과 다를 바 없다면 너무 쓸쓸하지 않을까? 인간의 온기는 무엇과도 바꿀 수 없는 안정감이 있다. 그러한 의미에서 부부간의 스킨십은 많을수록 좋다고 생각한다.

# 미혼여성과 기혼여성은 바람을 피는 심리가 다르다(?)

Lesson5

미혼여성의 경우, 우선 '지금 만나는 사람보다도 더 좋은 사람을 만나고 싶어' 라는 생각으로 다른 사람은 어떤가 알아보기 위해 바람을 피운다. 이것은 남성의 경우도 마찬가지일 것이다.

바람 상대로는 다니고 있는 직장의 기혼남성인 경우도 많을 것이라고 생각한다. 접할 기회도 많고, 유능한 사람에게는 존경의 마음도 생기기 때문이다. 재력도 있고 잘 베푸는 사람이라면 여성의 입장에서도 나쁘지 않기 때문에, 상대방이 결혼한 사람인가 아닌가는 특별히 문제가 되지 않는다. 나와 상대방과의 관계에만 몰입하여, 상대방의 배우자까지 신경을 쓰지는 않기 때문이다.

그러나 결혼하여 배우자의 입장이 되면, 사정은 달라진다. 여성이 기혼자로서 가정을 가지면, 가정을 망치면서까지 바람을 피려고 하지는 않는다. 원래 남편의 경제력에 의지하고 있는 경우가 대부분이기 때문이다.

따라서 만나지 않는 때는 아무렇지도 않은 척 하고 있을 수 있는 냉정함과 두 사람만의 비밀을 지킬 수 있는 강인함이 없으면, 바람을 피겠다는 결단을 내리지 않을 것이다. 또한 가정생활을 유지하면서 바람을 피는 것이기 때문에 독점욕이 강하지 않고, 가정에 개입하지 않는 남성이어야만 한다. 만나고 있는 순간만큼만 로맨틱한 기분에 빠져, 둘만의 비일상성(非日常性)을 즐길 수 있는 상대를 구한다.

그 외에도 곧 이혼할 여성과 결혼을 전제로 바람을 피는 남성의 경우도 있다. 그러나 여성은 이혼해도 남성만큼 재혼하고 싶다고는 생각하지 않는다. 여성은 결혼생활을 계속하면, 결혼만족도가 점점 낮아지기 때문이다. 크나큰 결심을 하고 결혼을 했지만, 결혼생활에 점차 환멸을 느끼게 된다. 따라서 이혼경험이 있는 여성은 '결혼이라면 신물이 나'라고 생각하는 경우가 많다.

# 바람에 대한 미혼과 기혼의 의식차이

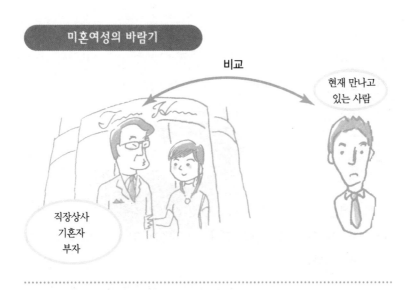

# 섹스로 시작되는 연애는 성립할 수 있을까?

요즘에는 '사랑한다면 섹스도 OK!' 라고 생각하는 것이 일반적이다. 미혼남녀의 80%가 결혼 전이라도 애정이 있다면 섹스도 가능하다고 생각한다.

좋은 의미로도 나쁜 의미로도 로맨틱한 환상이 있기에 사랑이 성립된다고 말할 수 있지만, 이러한 로맨틱한 환상만을 근거로 섹스를 할 것인지 말 것인지를 정할 수는 없다.

그러나 현실에서는 이러한 생각이 많은 사람들에게 지지를 받고 있다. 즉 많은 사람들이 연애를 하면 반드시 섹스로 맺어진다고 하는 연애→섹스의 흐름을 당연하게 받아들이고 있다.

그러나 나이가 많은 사람들도 연애는 한다. 물론, 젊은이들처럼 섹스를 자주 하지는 못할 것이다. 그렇다고 해서 그것이 연애가 아니라는 주장은 연애→섹스라는 흐름에서 오는 편견에 불과하다.

분명히 섹스가 있는 연애가 상황적으로 유리하다. 그러나, 육체관계가 없어도 연애는 잘 할 수 있다고 생각한다. 섹스를 하지 않는 만큼, 서로에 대한 마음이 보다 절실해지는 면도 있을 테니까.

섹스와 연애가 밀접한 관계에 있다고 보고 섹스를 했다면, 스스로 합리화하기 위해 원래부터 연애감정이 있었다고 생각하게 될 수도 있지 않을까?

그렇게 생각하면, 섹스로 시작되는 연애도 성립이 가능하다. 즉, 섹스→연애의 흐름이다.

물론, 말도 안 된다고 생각하는 사람들이 많으리라 생각한다. 그러나 섹스를 하게 된 이유가 좋아하는 감정이 있기 때문이라고 믿고, 이후의 만남을 잘 이어 간다면 그것도 나름대로 괜찮지 않을까?

연애를 하고 나서 섹스를 하는 것과, 섹스를 하고 나서 연애를 하는 것은 본질적으로 크게 차이는 없다고 본다.

# 연애결혼은 하나의 방식에 불과하다

## 연애결혼은 하나의 방식에 불과하다

연애와 섹스가 밀접한 관계에 있다고 보고 여기에 결혼을 추가하여, 이 세 가지를 삼위일체로서 타당하다고 보는 것이 연애결혼 이데올로기라고 한다.

세 가지가 모두 합쳐졌을 때 비로소 행복한 결혼생활이 이루어질 것이라는 생각이 한국사회에 깊게 뿌리박혀 있는데, 이것은 어디까지나 하나의 개념에 불과하다. 결혼을 고려하지 않는 연애는 비난을 받고, 섹스가 없는 부부간은 이상하게 보이며, 중매결혼도 떳떳해 보이지 않는 이유는 그러한 탓도 있다. 원래는 연애도 섹스도 결혼도 별개의 문제라서 그것을 어떻게 만들어 갈 것인가는 파트너와의 관계에 따라 달라지는 것이다.

# 음식과 섹스의 관계는?

Lesson5

　음식과 섹스의 닮은 점을 욕구의 관점에서 살펴보려고 한다. 심리학자 매슬로 박사에 의하면, 인간에게는 5종류의 욕구가 있다고 한다. 우선, 생리적 욕구. 먹고 싶다, 자고 싶다, 섹스하고 싶다고 하는 소위 동물적인 욕구이다. 그 다음으로는 안전의 욕구이다. 생리적 욕구들이 어느 정도 충족되면, 서서히 인간에게만 있는 욕구—한 사람으로서 인정받고 싶다, 사람답게 살고 싶다, 자아실현을 하고 싶다와 같이 보다 사회적인 욕구가 생겨나게 된다.

　그리고 욕구의 면에서 음식과 섹스를 생각해 보면, 둘 다 생리적 욕구에도, 사회적 욕구에도 속하고 있음을 알 수 있다. 배를 채우는 것이나 섹스를 하는 것이나 모두 최초로 충족되어야만 하는 생리적 욕구지만, 인간은 그것만으로는 만족할 수 없으며, 더욱 높은 곳을 목표로 한다.

　사람은 식사를 할 때도 잘 차려진 진수성찬을 배짱이 잘 맞는 친구와 이야기하면서 먹고 싶어 한다. 그와 마찬가지로 섹스도 좋은 분위기에서 만족감과 애정을 느끼면서 하고 싶어 한다. 즉, 보다 인간적이고 보다 멋지게 살고 싶다고 생각했다면 음식도 섹스도 나에게 이로운 것이 되는 것이다. 음식과 섹스는 생리적 욕구와 사회적 욕구가 똑같이 배분되고 섞이기 때문에 밀접한 관계가 있다고 할 수 있는 것이다.

그러나 최근에 만남을 주선하는 온라인사이트가 성황인 것을 보면, 질 높은 욕구를 충족하고 있는 사람이 늘었다는 말은 조금 틀린 말일 지도 모른다. 얼굴도 모르는 사람과 만나서 즐기는 '가벼운' 섹스는 생리적 욕구수준을 충족시킬 뿐이다. 음식에 비유하자면 '패스트푸드 섹스'라고 할까. 섹스의 횟수나 양이 아니라 질의 향상을 생각했으면 하는 바람이다.

# 인간은 욕심쟁이

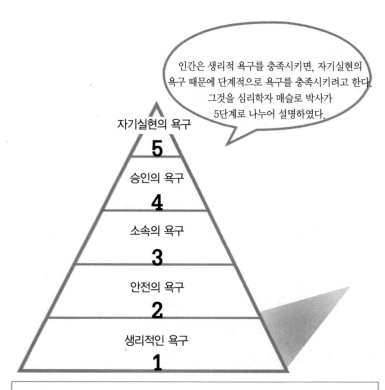

인간은 생리적 욕구를 충족시키면, 자기실현의 욕구 때문에 단계적으로 욕구를 충족시키려고 한다. 그것을 심리학자 매슬로 박사가 5단계로 나누어 설명하였다.

자기실현의 욕구
**5**

승인의 욕구
**4**

소속의 욕구
**3**

안전의 욕구
**2**

생리적인 욕구
**1**

## ■ 욕구가 사라진다

'욕심쟁이'라고 하면 조금 얌체같이 보이지만, 한편으로 욕구라는 것은 인간의 보람이 되기도 한다. 만약, 인간으로부터 욕구를 뺏어버리면, 생활에 지장을 불러올 수도 있을 것이다.

예를 들면, 우울증과 같은 정신적인 병도 그렇다. 또한 학습성 무기력에도 해당된다. 이것은 무엇을 해도 일이 잘 풀리지 않는 사태가 반복되면 '어차피 나는 안 되게 되어 있어'라는 절망감에 빠져 아무 것도 할 수 없게 되는 증상이다. 욕구가 막혀서 분출할 곳을 찾지 못하는 것이다. 욕구를 갖는 것이 삶을 살아가기 위한 활로가 되는 것이다.

# 여성도 가벼운 만남을 원하는가?

Lesson5

　가볍다는 뜻에도 여러 가지가 있지만, 여성에게 아무런 대가도 없이 애정도 없는 섹스를 할 것이냐고 묻는다면 아마도 "No!"라고 대답할 것이다.

　여성은 남성만큼 섹스를 원하지는 않는다. 또한 '여성이 성행위에 적극적이어서는 안 된다' 라고 하는 사회적인 규범도 존재한다. 게다가 여성은 임신의 위험도 있고, 단순히 육체관계만을 위해서 일부러 남자를 사귀는 법도 거의 없다.

　그리고 비록 '가볍다' 고는 해도, 어느 정도 대가를 바라는 여성들도 상당수 있을 것이다.

　최근에는 '좋아하는 사람과는 섹스를 할 수 없다. 그래서 그 사람 이외의 파트너가 있다' 는 여성들의 이야기도 간간이 들린다. 그 배경에는 '그에게 꾸미지 않은 모습을 보여줄 수는 없다' 고 하는 복잡한 심리상태가 있겠지만, 이런 경우에 섹스를 통하여 자신이 쉴 곳을 찾는 것이다.

쉴 곳을 찾은 것만으로 충분히 보상을 받았다고 생각하지만, 스스로는 보상을 받았다고 생각하지 못하기 때문에 가벼운 섹스라고 생각하고 있는 것이겠다.

한편, "사랑이 없는 섹스는 하지 않는다"라고 말하던 여성도 실제로는 애정 이외의 무언가를 바라는 경우가 상당히 많으리라고 생각된다. 예를 들면, 가장 큰 선물로 결혼이라는 생활보증을 받는 경우이다.

아무런 대가도 바라지 않고, 가벼운 섹스를 할 수 있는 여성들은 '여성은 성행위에 적극적인 태도를 보여서는 안 된다'라고 하는 규범의식에 구애받지 않는 여성이거나 혹은 상대 남성과 대등한 경제력을 가진 여성에 국한된 것은 아닐까? 덧붙여서 말하면, 미국이나 유럽에서는 경제력이 있는 여성일수록 섹스에 대하여 적극적이라고 한다.

### '가볍다' 라는 의미는?

가벼운 만남에 대하여 속시원하게 털어놓았지만, '가볍다' 라는 개념이 사람에 따라서 다르기 때문에 정의를 내리기 어려운 것이다.

일반적으로 알려진 사실은 섹스만 하는 관계. 그러나 '언제 그만둬도 상관없다' 라거나 '다소의 애착을 느끼긴 하지만, 서로의 생활까지 간섭할 생각은 없다' 라고 말하며, 가벼운 상태를 가볍게 만들기 위한 설명이 필요한 경우가 많은 것 같다.

자칫 '가볍다' 라는 단어를 사용할 때는 '가볍게 생각하고 싶어' 인 경우가 많아서, 정말로 육체관계만을 원한다면, 그러한 변명은 필요 없다. 분명하게 "나는 쾌락만을 위해서 섹스를 한다"라고 말할 수 있을 것이다. 단 이렇게 단언해버리면, 사회적 규범으로부터 이탈하는 행위가 되기 때문에 말을 꺼내기 어렵기는 하다.

또한 쾌락추구의 수단으로서 섹스에만 몰두하는 사람은 많지 않을 것이다. 상대방에게 마음의 교류나 편안함을 원하면 부담이 될까봐, 혹은 거절당하면 상처를 받을까봐 거리를 두는 관계도 많을 것이라고 생각한다. 이러한 관계를 정리하는 말로 '가볍다' 는 단어는 매우 편리하다.

# 남성의 '기분 좋은 섹스'와
# 여성의 '기분 좋은 섹스'의 차이는?

Lesson5

남성의 경우에는 성적 흥분이 고조되고, 육체적으로 만족하는 것이 '기분 좋은 섹스'의 중요한 요소이다. 때문에 애정보다도 먼저 육체적으로 만족시켜 주는 상대방을 원하는 남성도 적지 않다.

그리고 교제상대를 섹스상대로서 기대하는 경향이 있다. 젊다든지, 스타일이 좋다든지, 섹시하다든지, 테크닉이 뛰어나다든지 말이다. 이러한 것들은 '기분 좋은 섹스'의 부가가치이다. 연애감정도 섹스의 향신료는 될 수 있지만, 섹스를 하고 난 뒤 차츰 감정이 고조되는 사람이 많을 것이라고 생각한다.

반대로, 여성이 '기분 좋은 섹스'라고 느낄 때는 상대방과의 연애감정이 중요한 전제조건이 된다. 즉, 앞에서 말한 바와 같이 연애와 섹스를 함께 생각하는 경향은 남성보다 여성이 강한 편이다. 여성은 섹스하는 도중에도 '이 사람은 나를 좋아하는 것일까? 아니면 단지 섹스를 즐기는 것일 뿐?' 등 이런저런 생각을 하게 된다.

위의 내용들은 옛날부터 전해진 이야기로 맞는 부분도 있고, 맞지 않는 부분도 있을 것이다. 따라서 남녀라는 틀에서 보기보다는, 사고 방식을 포함한 각각의 개성에 따라 나누는 것이 옳을 지도 모른다.

단, 기본적으로 '기분 좋은 섹스'라면 남녀 사이에서 공통적으로 느끼는 부분이 매우 많다고 생각한다. 상대방과 문자 그대로 벗은 채로 만나기 때문에 서로 친밀함을 느끼고, 서로의 육체를 공유하고, 마음을 채우고, 일상성에서 개방되고, 자존심을 높이고, 비밀을 공유하며, 서로를 이해해 주는—이러한 측면은 두 사람에게 공통된 부분이다. 그것이 실현된 섹스는 인간에게 최고의 쾌락을 가져다 주는 고마운 선물이 될 것이다.

# 남녀가 갖고 있는 '기분 좋은 섹스'에 대한 공통점

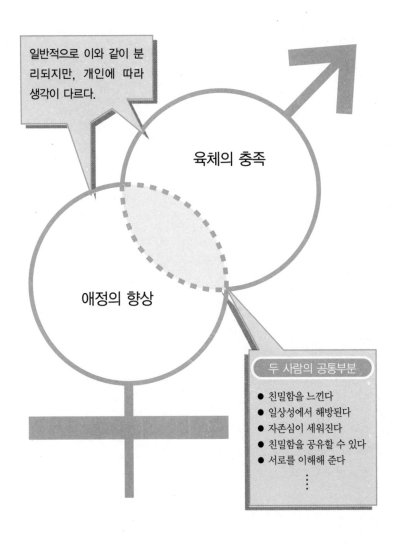

일반적으로 이와 같이 분리되지만, 개인에 따라 생각이 다르다.

육체의 충족

애정의 향상

두 사람의 공통부분

● 친밀함을 느낀다
● 일상성에서 해방된다
● 자존심이 세워진다
● 친밀함을 공유할 수 있다
● 서로를 이해해 준다
⋮

# lesson6

사람들과 잘 사귀는 법을
심리학으로 알아보자!

# '좋다', '싫다'라는 감정은 원래부터 어떤 심리인가?

심리학자들에 따르면, '좋다'와 '싫다'라고 하는 인간의 영원한 테마인 감정도 아래의 두 가지로 대표되는 간략한 이론으로 설명이 가능하다.

첫 번째는 강화이론이다. 어떤 사람을 좋아하게 되는 것은 그 사람이 나에게 무엇인가 득이 되는 것을 주었기 때문이고, 싫어지는 것은 그 사람이 나에게 해가 되는 것을 주었기 때문이다. 자신과 닮은 사람을 좋아하게 되는 것은 상대방이 좋은지 싫은지 물어야 하는 수고나, 시간낭비를 피할 수 있기 때문이다.

이는 단순히 물욕과 관계된 이야기만은 아니다. 무엇이 이득이 될 것인가는 인간의 내면적인 요인에 의해 결정된다. 연애 중인 여성이라면 '내가 갖고 싶은 것을 잘 사주는 사람', 결혼한 남성이라면 '저녁을 준비하고 빨래를 해 주는 사람'과 같이 상당히 직접적인 이득을 얻고 있다고 할 수 있다.

물론 '내 자존심을 세워 주었다', '나도 몰랐던 재능을 일깨워 주었다' 등, 이러한 인간적인 이득을 얻게 해줄 때도 사람들은 그 사람을 좋아하게 된다.

두 번째는 인지적 제합성(齊合性)이론이다. 사람은 머릿속에 떠오른 생각들에 대하여 각각의 이치가 들어맞기를 바란다. 자신이 좋아하는 것을 똑같이 좋아하는 상대에게 호감을 갖게 되면 머릿속에서 문제없이 받아들인다.

예를 들면 내가 무엇인가를 재미있어 하고 상대방도 그것을 재미있다고 생각하는 경우, 내가 상대방을 좋아한다는 사실을 선뜻 받아들이게 된다.

그러나 내가 재미있다고 생각하는데도 상대방은 나와 반대의 태도를 보였다면 내가 상대방을 좋아하는 것에 관하여 모순을 느낀다. 그래서 상대방을 싫어하게 되었다고 결론짓는 것이다.

# '좋다', '싫다'는 두 가지 이론으로 요약된다

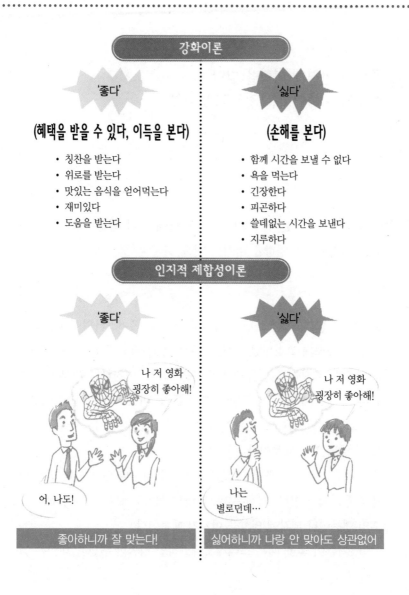

**강화이론**

**'좋다'**

**(혜택을 받을 수 있다, 이득을 본다)**

- 칭찬을 받는다
- 위로를 받는다
- 맛있는 음식을 얻어먹는다
- 재미있다
- 도움을 받는다

**'싫다'**

**(손해를 본다)**

- 함께 시간을 보낼 수 없다
- 욕을 먹는다
- 긴장한다
- 피곤하다
- 쓸데없는 시간을 보낸다
- 지루하다

**인지적 제합성이론**

**'좋다'**

나 저 영화 굉장히 좋아해!

어, 나도!

좋아하니까 잘 맞는다!

**'싫다'**

나 저 영화 굉장히 좋아해!

나는 별로던데…

싫어하니까 나랑 안 맞아도 상관없어

## 주변의 환경에 영향을 받아
## 누군가를 좋아하는 경우도 있다(?)

감정이 사회생활의 행동면이나, 사람에 대한 인상형성과 기억과 같은 인지활동에 영향을 미치는 것을 기분일치효과라고 한다. 사람은 의외로 순수한 데가 있어서, 좋은 기분이 되었을 때는 호의적인 판단을 하거나 즐거웠던 일을 떠올린다. 그것도 작은 일이 계기가 되는 경우가 많다. 예를 들면 아침에 하고 나온 헤어스타일이 흐트러지지 않고 예쁘게 고정되었을 때, 길에서 100원짜리 동전을 주웠을 때, 가게에서 마음에 드는 음악이 흘렀을 때 등. 아침부터 기분이 좋은 날은 그 날 하루가 좋은 듯한 기분이 든다. 아침부터 기분이 좋으면, 앞으로 일어날 일들도 좋은 방향으로 연결될 것이라는 사실을 자신도 잘 알고 있기 때문이다.

반대로 기분이 나쁠 때는 신랄한 비평을 하거나 잊고 있던 싫은 일을 떠올리기도 한다. 사실은 별 것 아닌 일처럼 보이는 일이라도, 그 후의 행동이나 생각에 영향을 미치기 때문이다.

단, 기분이 좋을 때는 스테레오타입적인 경솔한 판단을 내리는 경향이 있으며, 반대로 기분이 나쁠 때는 왜 그런 행동을 했을까 분석을 하게 된다. 따라서 즐거워서 흥분한 상태일 때는 자신의 생각에 의지하여 즉석에서 판단을 내리지 않도록 주의할 필요가 있다.

그런데, 연애하는 장면에서는 기분일치효과를 잘 찾아 볼 수 있다. 예를 들면, 친구의 결혼피로연에서 처음 만난 사람과 사귀는 것은 자주 경험하게 되는 패턴이다. 행복한 분위기가 처음 만난 상대의 인상을 좋게 만들기 때문이다.

데이트를 할 때에도 이러한 기분일치효과를 이용하여 아무렇지도 않은 척 좋은 무드를 연출해 내면 효과가 매우 크다. 그윽한 향기가 나는 향수나 카스테레오에서 흐르는 음악, 세련된 레스토랑에서의 식사 등이 기분일치효과를 나타내는 데 도움이 될 것이다.

# 상황에 따라 같은 음료수라도 '좋다', '싫다'로···

| 불안한 상태 | 즐거운 상태 |
|---|---|

삼면이 막힌 방으로 안내되어,
음료수를 주문한다

야외테라스에서
음료수를 주문한다

왠지 불편하다

기분이 좋다

여기가 뭐하는 데야?
도대체 이게 뭐야?
돈을 내야 돼?

이 주스, 정말 맛있는데!!

오렌지주스
맛이 왜 이래?

# 사람을 잘 사귀는 사람과
# 못 사귀는 사람의 차이는 어디에 있을까?

일반적으로는 선천적으로 사교성이 있느냐 없느냐의 문제로 인식되고 있지만, 실은 그렇지 않다. 사람을 잘 사귀느냐 못 사귀느냐는 '사회적 스킬'이다. 즉, 훈련에 의해 익힐 수 있는 기술인 것이다.

이러한 사회적 스킬은 다양한 인간관계를 맺음으로써 닦을 수 있다. 어린 시절부터 가능한 한 여러 사람들과 관계를 맺는 것이 장래에 도움이 된다.

물론 이러한 스킬은 어른이 된 후에도 키울 수 있다. 특히 취직한 후에 인간관계 만들기가 본격적으로 시작되는 경향이 있다. 요즘에는 학창시절에 경어의 쓰임새를 제대로 익히기 힘들 것이다. 그래서 어떤 식으로 주의하면 좋을지는 물론이고 세상 돌아가는 이야기 하나도 제대로 할 수 없는 사람이 많이 있다.

조금이라도 나이 차이가 있는 분들과 이야기를 하면 어떻게 말해야 할지를 몰라서 '집단 내 자폐'라고도 불리게 된다. 이것은 지극히 제한된 사람들밖에는 인간관계를 갖지 않았기 때문이다. 자신과 비숫한 사람들하고만 어울리는 것은 자문자답하고 있는 것과 마찬가지이다.

따라서 재미는 있을 지도 모르지만, 스킬은 익힐 수 없다. 다양한 세대와, 다양한 타입의 사람과 접하지 않으면 스킬향상은 이루어지지 않는다.

또 하나의 차이는 상대방에 대한 요구수준의 높고 낮음의 차이일 것이다.

상대방에 대하여 바라는 것이 많거나, 혹은 어려운 일을 자주 부탁하는 사람과 잘 지낼 수 있는 사람들은 매우 한정되어 있다. 이와 같은 콧대가 높은 타입은 옆에서 보기에는 사람을 잘 사귀지 못한다는 것을 알 수 있다.

# 나는 사교의 고수일까, 하수일까?

**● 해보자! 사회적 스킬을 측정한다 ●**

우선, 아래의 질문에 대하여 '항상 그렇다'=◎, '대체로 그렇다'=○, '어느 쪽도 아니다'=△, '별로 그렇지 않다'=▲, '전혀 그렇지 않다'=×의 기호를 붙여주기 바란다.

1. 다른 사람과 이야기를 하고 있을 때, 대화가 끊기지 않는 편인가?
2. 다른 사람에게 받고 싶은 것을 똑바로 제시하는 편인가?
3. 다른 사람을 잘 도와주는 편인가?
4. 화가 난 사람을 잘 달래주는 편인가?
5. 모르는 사람과도 금방 대화를 나눌 수 있는가?
6. 주변 사람과 금방 대화를 나눌 수 있는가?
7. 무서움이나 두려움을 잘 처리하는 편인가?
8. 성격이 잘 맞지 않는 상대와 화해를 잘 하는 편인가?
9. 일을 할 때, 순서를 정해서 처리하는 편인가?
10. 사람들의 무리 속에 자연스럽게 섞이는 편인가?
11. 사람들에게 비난받아도 잘 대처하는 편인가?
12. 업무상의 문제점을 바로 찾아낼 수 있는가?
13. 자신의 감정이나 기분을 솔직하게 표현할 수 있는가?
14. 여기저기서 모순된 대화를 들어도 알아서 처리할 수 있는가?
15. 처음 만나는 사람에게 자기소개를 잘 할 수 있는가?
16. 실패했을 때, 바로 자신의 잘못을 인정할 수 있는가?
17. 주변 사람들이 자신과는 다른 생각을 갖고 있어도 잘 지낼 수 있는가?
18. 업무 목표를 세워도, 별로 힘들다고 느끼지 않는 편인가?

◎=5점, ○=4점, △=3점, ▲=2점, ×=1점으로 계산하여 합계를 내주기 바란다. 나온 점수가 높으면 높을수록 사회적 스킬이 뛰어난, 다시 말해 대인관계를 원만하게 이끌어갈 수 있는 사람이라고 할 수 있다. 보통은 성인남성은 62점, 성인여성은 60점이 평균점이다.

# 학교나 직장에서 자연스럽게 그룹이 만들어지는 이유는?

자신이 어떤 사람인가를 알기 위해서는 그룹이 필요하다. 주관적으로 "저는 ○○한 사람입니다"라고 말하면서, 스스로도 '그 말이 사실일까?'라고 느끼게 된다. "저는 ○○회사의 사원입니다"라든지 "저는 ○○의 멤버입니다"라고 소속그룹을 밝히면, 자기 자신을 훌륭하게 특정화시킬 수 있다. 또한, 소속그룹에서도 그룹 내에서 수행하고 있는 자신의 역할을 단서로 자기정체성(identity)을 찾을 수 있다.

다시 말해서, 자신은 이러한 사람이 아닐까, 이러한 사람이면 좋겠다 등과 같이 자신이 생각하고 있는 것을 뒤에서 지지해주는 그룹을 필요로 하고 있는 것이다. 그래서 자연스럽게 그룹이 만들어지는 것이고.

부모들은 자신의 아이들을 운동회나 졸업식에서 찾으려고 한다. 그날 아침에 집에서 학교로 간 아이가 갑자기 변할 리도 없건만, 부모는 열심이다. 이것은 집단 속에서 '내 아이가 어떤 모습일까'를 보는 것이 중요한 목적이기 때문이다. '우리 아이는 건강한 편일까'라거나 '우리 아이는 키가 큰 편일까'에 대하여 모두가 있는 가운데 확인함으로써, 아이들의 정체성을 확실하게 하는 것이다. 인간의 정체성이란, 불확실한 것이라서 그룹 안에서 확인하고 싶어지는 법이다.

그래서, 한 사람의 자기만족만으로는 불안하다. 그러나 달리기로 1등을 하고 "정말 잘 했다!"라는 말을 들으면, '해냈다—!'라는 기분이 들어 자신이 잘 달린다는 사실을 실감하게 된다.

자신이 그린 마음에 드는 그림도 그것을 사려는 사람이 나타났을 때, '그래, 나는 화가였어'라는 정체성을 찾는다. 친구를 찾는 일도 그것과 마찬가지일 것이다.

# 그룹 내에서 자신을 확인한다

# 그룹 내에서 인기가 많은 사람은 어떤 타입일까?

인기가 많은 사람은 '머리가 좋다' 혹은 '스포츠를 잘 한다', '재미있다' 등 다른 사람보다도 조금 뛰는 능력을 갖고 있는 사람들이다.

여기에서 바로 알아야만 하는 사실은, 때때로 능력이 있는 사람이 미움을 받거나 질투의 대상이 될 수도 있다는 점이다. 많은 사람들이 '나는 어떤 사람일까'에 대하여 생각할 때, 자신이 소속된 집단 사람들과 비교를 한다. 이 때, 상대방과 나의 우열관계에 포인트를 맞춰, 상대방이 나보다 우수하다면 당연히 재미가 없을 것이다. 내 자존심을 위협하는 상대를 좋아하게 될 가능성은 매우 낮기 때문이다.

그러나 자신이 소속그룹 자체의 가치를 올려 줄 수 있는 사람이라면 그룹 내에서 중요한 사람이 되어 인기가 많아진다. 예를 들면, 모교 스포츠팀이 전국우승이라도 하면, 많은 학생들은 '내 일처럼' 기뻐하며 팀의 멤버들은 교내의 영웅이 된다.

인기가 많은 사람들의 절대조건은 능력을 가진 집단의 가치를 끌어올리면서도 질시를 받지 않는 것이다. 그러기 위해서 그다지 친하지 않은 사람에게는 자신의 우수함을 보여도 상관없지만, 친한 사람에게는 자만하는 모습을 보이지 않는 편이 좋을 것이다. 그것보다는 농담을 하거나, 자신의 실수를 드러냄으로써 자신의 약점을 보이도록 한다. 그렇게 하여 상대방의 패배의식, 열등감을 누그러뜨릴 수 있다. 그러한 행동들은 상대방의 자존심을 세워주기 때문에 인기도 유지할 수 있다.

그러나 어느 쪽도 너무 과하면 역효과가 난다. 이를 '검은 양 효과'라고 하며, 같은 멤버의 실패는 '이런 놈과 내가 같은 소속인 거야?'라는 생각을 들게 하고, 사회적 정체성의 평가를 낮추는 계기를 만들어 비난이 거세지게 된다.

# 유능한 사람은 균형감각도 있어야 한다

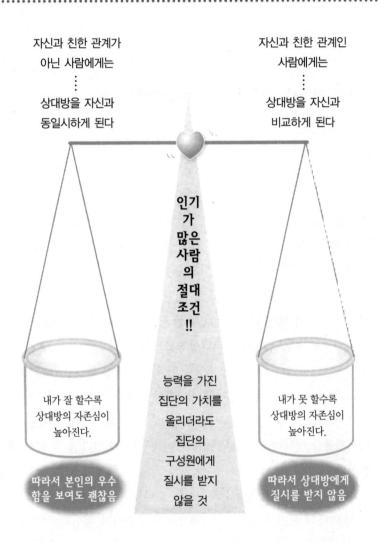

자신과 친한 관계가
아닌 사람에게는
⋮
상대방을 자신과
동일시하게 된다

자신과 친한 관계인
사람에게는
⋮
상대방을 자신과
비교하게 된다

인기
가
많은
사람
의
절대
조건
!!

능력을 가진
집단의 가치를
올리더라도
집단의
구성원에게
질시를 받지
않을 것

내가 잘 할수록
상대방의 자존심이
높아진다.

내가 못 할수록
상대방의 자존심이
높아진다.

따라서 본인의 우수
함을 보여도 괜찮음

따라서 상대방에게
질시를 받지 않음

# 리더십이 있는 사람은 어떤 타입일까?

Lesson6

옛날에는 리더를 '선천적으로 리더십이 있는 성격이나 능력을 갖추고 있는 사람'이라고 생각하였다. 이것이 리더특성론이다. 그러나 그에 대한 구체적인 조건은 그다지 명확하게 제시되지 않았다.

그러나 이제는 누가 리더가 될 것인가를 문제 삼는 것이 아니라, 리더는 무엇을 해야 하는 사람인가를 중요시하게 되었다. 이것이 리더십기능론이다. 구체적인 리더십행동으로서 첫 번째는 목표달성을 위한 행동, 두 번째는 그룹을 통솔하기 위한 행동을 들 수 있다.

그러나 이러한 기능론에서도 집단행동을 잘 리드할 수 있을까 없을까 예측을 하기 어렵다는 사실을 알 수 있다. 왜냐하면, 똑같은 리더십행동을 하더라도 그룹의 상황에 따라 결과가 달라질 수 있기 때문이다.

여기서 나오게 된 생각이 리더십의 상황이론이다. 예를 들면 리더와 멤버와의 사이가 나쁘거나, 과제의 수행순서가 불명확하다거나, 리더에게 권한이 없을 경우와 같이 통제하기 어려운 상황에서는 관계지향형 리더십이 제대로 발휘되기 어렵다. 이런 경우에 과제지향형 리더십을 채택한다면, 집단은 생산적이 될 것이다. 그룹이 뿔뿔이 흩어진 상태에서는 리더가 수행해야할 일을 확실히 지시하여 방향을 정해주고, 멤버들을 이끌어 가는 것**이 좋다.**

작은 집단이 형성되어 통솔하기가 쉬워졌으니 의욕이 있는 멤버에게 모든 것을 맡기고, 리더는 멤버간의 관계가 악화되지 않도록 사기를 북돋우는데 **주력한다.**

이와 같이 상황에 따라 리더십의 대처방식을 바꾼다 하더라도 결코 멤버의 불신을 만들지는 않는다.

# 리더십의 개념

## 리더특성론

• 리더는 선천적으로 리더적인 성격이나 능력을 갖추고 있다.

➡그러나 구체적인 조건은 명확하게 제시되지 않았으며, 이제는 리더가 무엇을 해야 하는가가 더 중요한 문제로 떠오르고 있다.

## 리더십기능론

• 목표달성을 위한 행동.
• 그룹을 통솔하기 위한 행동을 하는 사람을 리더라고 한다.

➡그러나 기능이 잘 발휘되고 있는가 아닌가 등의 그룹 상황에 따라 결과가 달라진다.

## 리더십의 상황이론

• 집단이 뿔뿔이 흩어진 경우는 과제지향형 리더십으로 대처한다.
• 집단이 모여졌을 경우는 관계지향형 리더십으로 대처한다.

➡임기응변으로 적절히 대처한다.

# '겉도는 사람', '어울리지 못하는 사람'의 원인은 무엇일까?

그룹에서는 2종류의 규칙이 있다. 하나는 학생이라면 교칙, 사회인이라면 취업규칙과 같은 문서화된 정식 규칙이다. 그러나 우리들이 실제로 그와 같은 규칙에 따라 그룹행동을 하고 있는가 하면, 꼭 그렇지만은 않다.

우리들이 그룹행동을 할 때에는, 다른 한편에 있는 암묵적인 규칙, 즉 집단규범에 따른다. 이것은 관행이랄지, '우리들 사이에서는 그것이 상식'이라고 여겨지는 규칙이다.

예를 들면, 회사에서 정식으로 규정되어 있는 유급휴가를 일수대로 모두 다 쓰면 '눈치 없는 사람'이라는 낙인이 찍혀 겉돌게 된다. 남성이 육아휴가를 사용할 수 있는 회사에 근무한다고 해도 '휴가를 쓸 수 있는 분위기'가 아니기 때문에, 거의 활용되지 않는다. 반대로 출산퇴직을 강요하는 규칙이 없어도 여성의 대다수가 '출산 후, 계속 일할 수 있는 회사는 아니었어'라며 그만두게 된다.

즉, 정식 규칙보다도 암묵적인 규칙에 근거하여 우리들은 그룹 내에서의 행동을 결정하는 것이다. 이러한 집단규범은 누구도 가르쳐 주는 것이 아니다. 그룹 내에서 활동하고 있는 사이에 알게 모르게 만들어져, 그것이 모두에게 자연스럽게 공기처럼 전해지는 것이다. 그룹 내의 암묵적인 규범을 알기 위해서는 주변 사람들의 행동이나, 그것에 대하여 다른 사람이 어떻게 평가했는지를 조금씩 관찰해 가는 것이다.

걸돌기 쉬운 사람이란, 집단 내의 규범에 둔감하고 주변의 분위기를 잘 파악하지 못하는 사람이라고 할 수 있다. 그러나 출산퇴직이나 육아휴가의 활용에서 볼 수 있듯이 집단규범에 따르는 행동이 옳은 일인가 아닌가는 별개의 문제이다. 그룹 내에서의 '적응'만을 고려할 경우에는 집단규범에 따라 행동하고 다른 사람들과 다르게 행동하지 않는 편이 옳다는 것은 확실하다.

# 개성과는 다르다

모니터 부족

왠지 나만 동떨어진 듯한 기분이…

집단규범

뭐야? 회의에 양복을 입는 것은 사회인의 매너라구! 이 양반아!!

# '왠지 마음에 안 들어', '생리적으로 싫어' 란 어떤 상태인가?

오래 만나지 않은 상태라면, 상대에 따라서 외모로부터 느낀 성격의 예상이 최악이 될 수도 있다. 그러나 그것이 왜 그런 것일까 스스로 설명을 할 수 없다. 혹은 외모로부터 예상할 수 있는 상대방의 성격을 잘 인식할 수 없다. 이러한 상태에 빠지면 왜 나는 그 사람이 싫어지게 된 것일까, 그 이유를 찾을 수 없기 때문에 '왠지 마음에 들지 않아' 와 같은 표현으로 우선 결말을 지어 버리는 것이다.

나의 성격 중에 안 좋은 면을 상대방이 갖고 있다거나, 내가 달성할 수 없는 일을 상대방은 할 수 있다는 점도 고려해 볼 수 있다. 그것을 직시하고 싶지 않기 때문에 '왠지 마음에 들지 않아' 라고 결론을 내리는 것이다.

'생리적으로 싫어' 라고 하는 것은 기질에서 온다는 설도 있다. 성격에는 내장기관의 구조와 기능에 영향을 받아 형성되는 기질이라는 것이 있어, 그것이 성격의 일부가 된다는 것이다. 심리학자인 클레치마박사는 체격이나 내장기관의 움직임, 몸의 어떤 부분이 잘 발달되어 있는가와 같은 기준을 이용하여 마른형, 비만형, 근육질형의 3가지 타입으로 기질을 나누었다. 성격의 일부인 기질은 체형에 따라 다르다고 한다. '마른 타입은 싫어'라든지 '뚱뚱한 사람은 싫어'라는 말은 각각의 기질을 생리적으로 싫다고 표현하는 것이다.

또한 내장기관을 지배하여 조절하고 있는 자율신경계의 움직임은 정신적 템포, 피로하기 쉬운 체질 등과 밀접한 관련이 있다고 한다. 게다가 호르몬분비의 균형이 무너지면, 성격도 변한다고 한다.

이상과 같은 힌트로부터 상대방의 성격을 스스로 예상할 수 있는 경우(실제로는 모르지만)에, 생리적인 면에서 좋은지 나쁜지 판단을 내리는 것이다.

# 기질은 있다?

．．．．．．．．．．．．．．．．．．．．．．．．．．．．．．

유형론이란, 사람에 따라 각각 다른 성격의 특징을
분류하고 이해해야 한다는 이론이다.
심리학자인 클레치마박사는 정신질환이 체형에 따라 다르게
나타난다는 사실을 알아내어, 그러한 사실을 일반사람에게도
적용, 아래의 3가지 타입으로 분류해 놓았다. 그러나 유형론은
전형적인 특징만을 집어내어 타입별로 분류해 놓은 것이다.
때문에 중간 타입이 없다.
따라서 모든 사람들이 어느 한쪽의 타입에
속해야 하는 것은 아니라는
사실도 머릿속에 넣어 두기 바란다.

| 타　입 | 특　　　　징 |
|---|---|
| ■ 분열기질<br>(마른형) | • 사교성이 부족하고 자신만의 세계에 몰두한다<br>• 조용하고 착실함<br>• 표면적으로 재미가 결여되어 있는 인상<br>• 신경질이 있으며, 흥분을 잘 하는 타입이 있는 반면,<br>　둔감하고 사람 좋은 타입도 있다 |
| ■ 우울기질<br>(비만형) | • 사교적이며, 자리의 분위기를 주도한다.<br>• 감정표현이 풍부함<br>• 다정하다<br>• 명랑 · 쾌활하며 적극적인 타입으로 극단적으로<br>　기분이 침울해지는 타입도 있다. |
| ■ 점착기질<br>(근육질형) | • 하나의 일에 열중하는 경향이 있다<br>• 꼼꼼한 성격이고, 꽁한 데가 있다<br>• 깨끗한 것을 좋아한다<br>• 가끔씩, 불같이 화를 낸다<br>• 융통성이 없고, 집념이 대단하다. |

# 후배들과 잘 지내기 위한 방법은 있을까?

Lesson6

　대체로 사람들은 자기보다 나이 어린 사람에 대하여 안 좋은 편견을 갖고 있다. '내가 무슨 행동을 해도 저 사람은 분명히 나를 나쁘게 생각할 거야' 라고 생각한다.

　그렇게 되면 점점, 사귀기 어렵게 된다. 일에 대한 이야기는커녕, 아침인사나 "오늘 날씨 좋네요"와 같은 습관적인 말을 거는 것조차 힘들어져서, 나중에는 서로 피하게 된다. 우선은 그러한 편견을 버리도록 하자.

　젊은 사람들을 피하고 싶다는 생각은 이해하지만, 그 상태가 계속되면 상대방이 자신을 좋아할 리가 없다. "당신을 좋아해요. 그러니까, 좋은 만남을 갖고 싶어요"라는 의사표시를 하는 것이 중요하다.

　사람은 자신을 긍정적으로 평가해주는 사람을 좋아하는 경향이 있다. 이것을 '호의의 반보성(返報性)'이라고 하며, 긍정적인 평가에 따라 본인의 자존심이 세워지기 때문에 그에 대한 보답이 하고 싶어지는 심리이다.

다시 말해, '긍정적 평가=당신을 좋아해'라는 의사표시는 상대방에 대한 '보상'이 된다.

더욱이 상대방이 자신의 자존심을 회복하고 싶어하는 상황에서, 그 보상효과는 훨씬 높아진다. 예를 들면, 낙담하고 있을 때나 자신감을 잃었을 때이다. 사람은 스스로를 '그다지 나쁘지 않다'라고 생각하려는 마음이 있기 때문에, 이러한 상황에서 위로를 해주면 굉장한 도움이 된다.

상대방의 자존심을 세워주며 후배와 잘 지내기 위해서는 나에게도 자존심이 필요하다. 상대방에 대한 호의의 의사표시를 '아양을 떤다', '아부한다' 등 비굴하다고 생각하지 말고, '스킬의 고수'라고 해석해 보라. 이러한 점을 이해하여, '기분 좋게 해주자' 정도의 여유로운 태도로 상대방에게 접근해 보면 어떨까?

# 우선은 나부터 변해야 한다

# 직장이나 가정에서 연령차가 있는 상대와 잘 지내는 방법은 무엇일까?

Lesson6

나와 같은 세대인 사람은 나와 환경이 비슷하기 때문에 행동이나 생각을 예상하기 쉽고, 비교적 무리 없이 지낼 수 있다. 그러나 세대가 다른 사람은 다른 문화에서 살아온 사람들이라서 사고방식이나 행동패턴에 차이를 느낄 수밖에 없는 상황도 있을 것이다. 여러분은 '세대차' 라는 말을 많이 들어보았을 것이다.

이 차이에 대하여, 어떤 다국적기업의 연구를 했던 홉스테드박사의 생각을 토대로 살펴보자. 그녀는 세계 각 나라의 문화가 다음의 5가지 면에서 다르다고 파악했다.

첫 번째, 상사와 부하사이 혹은 친자관계에서 힘의 불평등이 생기는 것을 받아들일 수 있느냐, 없느냐?

두 번째로 개인주의인가, 집단주의인가? 서구의 입장에서 볼 때, 동양은 집단주의적이고 집단이 있기에 개인의 이득이 있다는 것이 일반적인 생각이다.

세 번째로 성공이나 대우 등을 중시하는 남성성과 좋은 인간관계나 마음의 안정에 무게를 두는 여성성, 어느 쪽에 우선순위를 두고 있는가?

네 번째는 애매함을 피하기 위하여, 규칙을 중시하고 시간에도 엄격한 편인가?

다섯 번째로 시간이 오래 걸려도 채산이 맞으면 괜찮다고 생각하는가, 아니면 결과가 바로 나오기를 원하는가?

이들의 차이는 연령차가 나는 사람과 대화를 나누며 '뭔가 다르다' 라고 느끼는 포인트와 겹치는 부분이 많다고 생각한다. 물론 어느 한쪽이 옳다는 것은 아니다. 따라서 상대방을 무리하게 바꾸려고 하여 덤벼들면, 쓸데없는 스트레스를 받게 될 것이다.

세대차는 있는 것이 당연하다. 서로 좋은 자극을 주겠다는 가벼운 마음으로 조금씩 다가가 보면 어떨까?

# 문화의 차이

**1** 힘에 불평등이 생기면,
받아들일 수 있는가?

**2** 개인주의인가,
집단주의인가

**3** 성공이나 대우를 중시하는가,
그렇지 않으면 인간관계나
마음의 안정을 중시하는가?

**4** 규칙을 중시하고, 시간관념도
엄격하게 지키는 편인가?

**5** 어떤 일에 대하여 장기적으로
생각하는 편인가,
그렇지 않으면 단기적으로 결과
를 중시하는 편인가?

# 악의가 없는 한 마디로 상대방을
# 화나게 하는 이유는 무엇일까?

이런 경우가 자주 생긴다면, 무서워서 사람과 말도 할 수 없을 것이다. 별 생각 없이 던진 한 마디로 오해를 사는 것은 이미 두 사람 사이에 불신감이 있기 때문이다. '저 사람은 나에게 악의를 갖고 있어' → '나는 저 사람이 한 말 때문에 화가 난 거야' 라는 생각이 상대방에게 있었다는 뜻이다. 원래 잠재의식 속에 있던 생각대로 받아들이는 것이 사람의 심리이다.

이러한 불신감이 생기게 된 이유는 쌓이고 쌓인 이기적인 행동 탓일지도 모른다. 인간이란, '나만 잘 되면 돼', '다른 사람과 약속을 지키지 않아도 나만 들키지 않으면 상관없어' 라는 생각을 하는 생물이다.

세상 사람들 전부가 '나 한사람 정도 무슨 짓을 한다한들 별 일이야 있겠어?' 라며 자신에게만 득이 되도록 행동한다면, 결과적으로 자신을 포함한 사회전체에 해를 끼치게 된다. 이것을 사회적 딜레마라고 하는데, 특히 일회성 만남에 그치는 상대에게 이러한 이기적인 행동이 나온다는 것을 알 수 있다.

그러나 계속 만나야 하는 상대와는 이기적인 행위를 조심하는 경향을 보인다. 지금, 이기적인 행위를 하여 득을 보았다 하더라도, 장래에 좀더 큰 손실이 되어 돌아올 지도 모른다는 사실을 알고 있기 때문이다.

따라서 상대방으로 하여금 이기적인 행동을 못하게 하고 싶다면, 먼저 상대방을 신뢰해 보고, 그래도 나를 배신하면 바로 보복해 주라. 다시 말해, 그러한 이기적인 행위로 인해 얼마 안 있어 반드시 해를 입는다는 사실을 알게 해주는 것이다. 그렇게 하면 상대방과의 만남이 보다 협조적이 될 것이다. 우선 상대방을 신뢰하는 것은 결국 나에게도 이득이 되는 현명한 방법이라고 하겠다.

서로 협력하는 것이 이득?

'다른 사람들은 어떻게 하려나? 가능하면 나는 안 냈으면 좋겠는데……', '나만 잘 되면 좋겠다' 란 생각. 바로 눈앞에 닥친 국민연금문제는 실로 국민전체가 사회적 딜레마에 빠진 상태라는 사실을 깨닫고 있는가?

원래, 국민연금이란 노인을 돕고, 장래에 자신의 노후를 보장받으려는 의도로 만들어진 것이다. 그것이 '우리가 노인이 될 때는 어떻게 될지 몰라' 라는 등, 갑작스럽게 관심이 집중되어, 불신감이 깊어지고 미납자가 속출하는 사태에 빠지게 되었다. 연금을 지불한다고 하는 대수롭지 않은 희생으로 국민전체가 이득을 볼 수 있는데도, 그 메리트가 눈에 보이지 않으니 협력할 수가 없는 것이다. 그리고 미납한 사람이 증가할수록, '연금을 내는 나만 바보인가?' 라고 더욱 미심쩍어져서 '어중간하게 지불하느니 차라리 그만두자' 라고 결단을 내리는 사람들도 하나 둘씩 속출하고 있다.

그러나 여전히 '어떻게 하면 좋을까?' 라고 생각하고 있는 것도 사실이다. 아직 많은 사람들이 관심을 갖고 있을 때에 딜레마를 해결하여 '서로 협력하는 것이 이득' 이 되는 개혁이었으면 좋겠다.

연금수첩

## 사람들과의 만남에서 생기는 스트레스를 줄이는 방법은?

사람들과 부대끼면서 생기는 스트레스는 사람들과 만나면서 줄일 수 있다. 구체적인 방법은 다른 사람에게 말하는 것이다. 친한 친구는 물론, 옛날에 알던 지인, 업무적으로 알고 지내는 동료와 같은 인간관계 네트워크를 총동원하는 것이다.

스트레스를 받고 있는데도 그것을 생각하지 않으려고 억지로 참는 것은 상당히 무리가 있다. 생각하지 않으려고 하기 때문에 오히려 의식해버려서 그것에만 생각이 집중되어버린다. 또한 다른 일을 생각하여 주의를 분산시키려고 해도 역시 돌고 돌아 스트레스의 원인과 결부된다.

다른 사람에게 말할 때 생기는 장점으로는 우선 스스로 문제를 반추할 필요가 없어진다는 것이다. 트라우마체험을 자기개시하는 행동은 처음에는 불쾌하겠지만, 그 사이에 스트레스에 대한 면역기능도 향상하여 저항력도 증가하기 때문에 장기적으로는 건강에 도움이 된다.

이 외에도 스트레스의 원인이 되는 문제점에 초점을 맞춘 대처법도 있다.

우선은 스트레스의 원인을 먼저 집어내어 이길 수 있는 방안을 예측해 본다. 이 중, 일기를 쓰는 것도 좋은 방법이다. 일기는 오래 쓸수록 효과적인데, 매년 어느 시기에 스트레스가 찾아오는지를 알 수 있다.

다음으로 스트레스에 공연히 겁을 먹지 말고, 자신의 스트레스 반응을 얼마나 컨트롤할 수 있는가를 이론적으로 생각한다. 스트레스가 생길 때는 마음을 편안히 갖고 운동을 하거나 노래방에 가는 등 몸을 움직여서 스트레스를 발산시키도록 하자. 그래도 스트레스 해소가 안 되면…… 잠을 잔다. '될 대로 되라' 는 식이다. 이런 생각도 스트레스 해소법의 하나이다.

# 스트레스 대처법

## 사람들과 이야기한다

속내를 털어놓는 이야기가 아니더라도 기분전환에는 도움이 된다.

## 활동적으로 생활한다

몸을 움직여서 몸도 마음도 새로운 마음가짐이 되도록 한다.

## 일기를 쓴다

마음속의 이야기를 쓰면서 발산한다. 마음을 정리할 수 있다.

## 그냥 내버려 둔다

'힘든 일이 있어도 시간이 해결해 줄 거야'라며 느긋하게 보낸다.

**lesson7**

친구나 직장동료와의 관계를
심리학으로 알아보자!

# '마음이 잘 맞는다' 란 어떤 심리상태인가?

Lesson7

나와 마음이 잘 맞는 사람은 어떤 사람일까? 이것은 궁합의 문제라고 할 수 있다. 궁합의 규칙을 발견하는 일이 심리학의 특기분야라고 생각하는 사람들도 많겠지만, 요인이 너무 복잡하게 얽혀 있어, 확실한 법칙은 발견되지 않았다.

때문에 마치 그것을 메우기라도 하려는 듯이, 혈액형·십이지·점성술과 같은 다종다양한 점이 대안으로 활약하고 있다. 그러나 이들은 어디까지나 비과학적인 방법들이다.

심리학적으로 접근한다면, 상대방이 나의 장점에 높은 가치를 매기고, 그것을 높게 평가하여 사 준다. 나 또한 상대방에게 그렇게 할 수 있다. 이것이 진정으로 '마음이 맞는' 사이라고 할 수 있을 것이다. 상대방이 원하는 것을 마침 내가 갖고 있었다는 상황에서 보듯이 타이밍이 좋은 것도 영향을 미치는 것이 틀림없다.

예를 들면, A씨와 B씨가 함께 이탈리아로 여행하게 되었다. A씨가 B씨를 부른 이유는 B씨가 이탈리아어를 유창하게 구사하기 때문에, 거기에 가치를 두고 어학능력을 산 것이다.

그리고 B씨의 입장에서도 자신의 능력을 산 A씨는 자존심을 높여 준 사람인 동시에 B씨 스스로도 마침 이탈리아에 가고 싶다는 생각을 하고 있었다. 틀림없이 두 사람은 '마음이 잘 맞는' 상태였다고 할 수 있겠다.

비록 스포츠가 특기라도 상대방이 그것을 비싸게 사주지 않는다면, 돼지목에 진주목걸이일 뿐이다. 따라서 스포츠가 특기인 사람의 상대로는, 스포츠에 관심이 있고 기초를 가르쳐 줄 수 있는 상대를 원하는 사람이 적당하다.

동일한 관심사나 가치관을 가지고 상대방과 교류함으로써 서로가 많은 이득을 얻을 수 있다. 그리고 이러한 관계가 '마음이 잘 맞는' 심리상태라고 할 수 있겠다.

# 사물의 가치를 공유하는 사람

# 친구사이를 파국으로 이끄는
# 원인에는 어떤 것이 있을까?

Lesson7

친구사이가 파국으로 끝나버리는 원인의 하나로 '고슴도치딜레마'가 있다. 고슴도치가 추위를 이기려고 서로 몸을 감쌀 때, 너무 바싹 다가가면 서로의 가시에 찔려 상처를 입게 되고, 그렇다고 떨어져 있으면 추우니까 다시 다가서고 싶어진다는 딜레마이다. 친밀한 사람이기 때문에 적절한 거리를 두기가 어려워서, 그것이 파국의 원인이 될 수 있다는 말이다.

①상대방에게 어리광을 부린다, ②상대방을 이용하고 있다, ③격의가 없어진다—이런 행동들이 자주 일어나면, 아무리 친한 친구라도 친구사이는 파국을 맞이할 수밖에 없다. 부모자식이나 부부간의 가정붕괴도 이런 경우가 많을 것이다.

예를 들면, 친구들에게 돈이나 물건을 빌린 채로 돌려주지 않거나, 약속을 어긴 적이 있을 것이다. 이런 행동은 상대방에 대한 어리광이다. 돈이나 물건은 빌린 사람보다도 빌려준 사람이 더 잘 기억하는 법이다. 고맙다는 인사말도 하지 않고, 그냥 지나친 일이 있는가?

'친한 사이에도 예의는 지켜라' 라는 말을 새겨듣기 바란다.

상대방을 이용한다는 지적에 대해서는, 자주 있는 이야기인데 친구에게 냄비나 속옷을 강매하려고 하는 왠지 미심쩍은 사업에 대한 권유를 들 수 있다.

그리고 너무 격의가 없어서 상대방에 대하여 지나치게 호된 비판을 한다거나 반대로 노골적으로 역성을 드는 것도 문제이다. 자각하고 있는 자신의 단점을 지적받는 일은 비록 친구라고 해도 불쾌하며, 듣기에도 민망한 무리한 칭찬은 점차 신뢰를 잃어 가는 원인이다. 특히 연애의 상담역을 할 때는 상대방이 이야기를 하면 들어주고, 부탁을 하면 힘을 빌려주는 정도가 적당하다.

너무 깊숙하게 관여하지 말고, 일정한 거리감은 항상 유지한다— 이것이 인간관계를 오래 유지하는 비결이다.

# 인간관계는 거리감이 중요

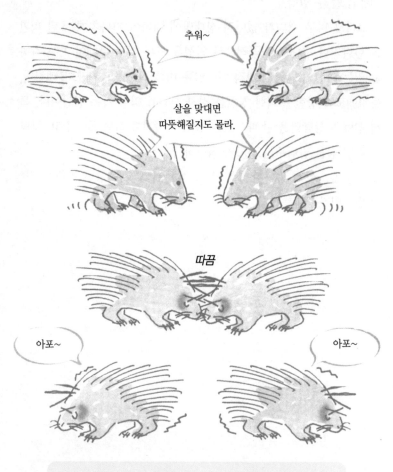

## 춥다고 해서 너무 다가서면
## 서로 상처를 입는다

# 끊어진 친구사이를 회복하고 싶은 경우에
## 효과적인 방법은 무엇일까?

Lesson7

싸움을 하여 친구사이가 파국이 나버린 경우에, 알고 보면 대단치 않은 일이 계기가 된 경우가 많다. 싸움은 '되로 주고 말로 받으며' 부풀려지는 것이기 때문에 관계를 회복하고 싶은 생각이 있다면 상대방이 걸어온 싸움을 더 크게 벌리지 않도록 하자.

그보다 자신들의 관계가 파국에 이른 경위를 가만히 냉정한 눈으로 직시해 보라. 상대방을 좋아하면 마마자국도 보조개라는 말이 있듯이, 싸움으로 싫어진 상대의 보조개는 마마자국으로 보이게 된다. 나 자신의 일만 정당화하고, 상대방의 언행은 전부 틀린 것처럼 나 좋을 대로 보고 있지는 않는가?

'지는 것이 이기는 것'이라는 말이 있다. 내가 먼저 상대방에게 숙여보면 어떨까? 지금은 '뒤로 물러난다'는 생각이 들 수도 있겠지만, 그렇게 하는 것은 결코 손해 보는 일이 아니다. 오히려 나중에 나의 의견이 존중받게 되고, 내가 우위에 서게 됨을 사회심리학의 실험으로 알 수 있다.

내가 한 발짝 양보하기 위해서는 상대방의 변명에 귀를 기울여야만 한다. 그리고 상대방의 변명에도 일리가 있다는 사실을 인정한다. 없으면 찾아서라도 인정하자.

그리고 한번 물러섰다면 다음에는 '다가서기'. 상대방에게 양보의 마음을 구하기 전에, 상대방의 기분이 충분히 좋아진 후에 회복의 방안을 가능한 한 많이 제안해 보라. 언제까지나 상대방을 무시하거나, 회피하는 것은 갈등의 해결이 되지 않는다.

이후에는 서로가 나쁜 상황에 빠졌을 때가 의외로 기회일지도 모른다. 이런 때는 '싸우고 있을 때가 아니야' 라며 결속이 단단해진다. '화가 되려 복이 된다' 는 말이 있다. 문제에 함께 대처하다 보면, 혼잡을 틈타서 관계를 회복할 수 있을 것이다.

# 관계회복은 교섭력에 달려 있다

## 한 발 물러선다

흥분할 대로 흥분하여, 상대방이 잘못한 점만을 지적하고 있지는 않은가? 상대방은 비난받은 시점에서 마음을 닫아버린다. 그렇게 되면 '슬프다', '분하다'와 같이 나의 기분을 전달하는 편이 오히려 서로에게 냉정해질 수 있다.

## 상대방의 의견을 일부 인정한다

전혀 납득이 안 되는 일이라도 우선은 상대방의 의견을 받아들여 보라. 모두 받아들이는 것이 부담스러운 일이라면, '일부'라도 좋다. 상대방과 같은 출발점에 서 있지 않으면, 이야기가 진행되지 않는다. 여기에서는 이야기를 진행시키기 위한 수단이기 때문에 교섭자로서 행동한다.

## 상대방을 믿으면서, 자신의 생각을 표현한다

상대방이 내 말에 귀를 기울이기 시작하면, 내 의견을 섞어가면서 상대방과의 해결방법을 찾도록 한다. 지난 이야기를 꺼내며, 나만이 이기려고 해서는 안 된다. 관계를 회복시키기 위한 아이디어를 두 사람이 함께 생각하는 것이다.

# 동성친구와 이성친구는 만나는 감각에 차이가 있다(?)

당연한 일이지만, 이성친구와는 유사성이 낮기 때문에 동성친구보다도 상대방의 행동이나 기분을 예측하기가 어려운 감각의 차이가 있다.

나와 닮은 동성친구라면, 상대방의 기분을 헤아리기 위해서 나를 생각하면 대체로 비슷한 경우가 많다.

그러나 나와 닮지 않았기 때문에 친해지는 경우도 있다. 친구관계는 서로에게 이득이 있을 때 성립하는 것이라서, 내가 없는 것을 갖고 있는 이성친구는 그 점에서 매력적이다.

이성친구의 경우, 서로 '왜 연인이 아니라 친구가 되었을까' 라고 생각하게 될 때가 있다. 특히 남성은 여성보다도 이성친구와의 성적인 상황에 대하여 보다 진지하게 상상한다.

또한 이성간의 친밀함은 성적인 애정으로도 표현될 수 있다고 느끼고 있다. 따라서 남성은 여성인 친구에 대하여 '왜 (연인이 아니라) 친구일까' 라는 실망감과도 비슷한 기분을 품고 있는 경우가 있다. 여성측은 연인일 필요를 느끼지 않고 있음에도 불구하고…….

여자친구들 사이에서도 "내가 남자였다면 너와 결혼했을 지도 몰라"라고 말하는 광경을 자주 볼 수 있을 것이다.

이러한 이치라면, 이성친구 사이임에도 연인도 될 수 없고, 결혼을 할 생각도 없는 친구를 정말 친한 친구라고 할 수 있을까 생각하는 것도 어느 정도 수긍할 수 있다.

그런데 만약 당신의 이성친구에게 연인이 있다면, 그 친구와 아무 일도 없으면서 떳떳하지 못한 기분을 느낀 적이 없는가?

이런 점 때문에 이성친구를 사귀기가 어려운 것이다. 그리고 그런 것을 의식하지 않아도 되는 동성친구가 확실히 속 편하다.

# 친해질수록 '왜?' 라는 거센 바람이 분다

# 남성그룹에 여성이 한 사람 있는 패턴을 종종 본 적이 있는가?

Lesson7

꼬리가 달린 무수히 많은 건강한 정자들이 난자가 있는 곳으로 몰려가고 있는 모습을 상상해 보라. 인간 남녀의 행동패턴은 난자와 정자의 생물학적인 기능과는 물론 다르겠지만, 사회적으로도 이성에 대한 이동패턴의 차이가 남녀사이에 있는 것은 아닐까.

다시 말해 남편의 바람기와 부인의 바람기 중 어느 쪽에 사회가 관용을 베풀 것인가를 생각해 보면 알 수 있듯이, 남성 쪽에서 복수의 여성들이 있는 곳으로 이동하는 횟수가 많으리라고 생각된다. 많은 기회를 놓치지 않으려는 동일인물의 출몰횟수가 많을 것이라는 생각이 들기도 하지만 말이다.

남성의 무리에 여성이 들어감으로써 균형이 맞춰지는 점도 있을 것이다. 남성은 남자답게 키워진 결과, 목표달성을 우선시하는 매우 냉정한 감각을 갖고 있다. 남자끼리 모여서도 "남자놈들끼리 뭐 하는 거냐"라며 멋쩍어 하는 면도 있다. 그에 비하여 여성은 다른 사람과 만나서 수다 떠는 것을 매우 좋아한다. 커뮤니케이션의 달인이다.

여성이 있느냐 없느냐에 따라서 모임의 분위기는 하늘과 땅만큼 차이가 난다. 여성이 한 사람 있는 것만으로 남성의 경직된 기분도 풀려서 전체의 공기가 가벼워진다. 그 때문에 한 사람의 여성이 모임의 에센스가 될 수 있는 것이다.

남자 스포츠팀의 멤버들과 그 가운데 극히 소수로 섞여 있는 여자 매니저의 구성은 이와 닮아있다. 가족 내에서 가족을 돌보는 역할을 맡던 여성들은 점차 사회화되고 있다. 어머니라면 누구나 가족에게 헌신적인 사랑을 베푼다. 그러한 기대를 내면화한 여성의 입장에서는 그룹 내에 자신 이외의 여성이 없는 편이 자신의 존재가치가 유지되어 더 좋을지도 모르겠다.

# 희소가치가 있는 존재가 되고 싶은 여성

## 한 사람일 때야말로 희소성이 높아진다

# 반대로 여성그룹 내에 남성이 한 사람 있는 패턴은?

이 경우에는 스포츠팀의 멤버들과 그 팀의 남자코치를 연상할 수 있다. 분명히 스포츠에서는 체격의 차이도 있고 남성이 유리하지만, 남성이 모든 분야에서 여성보다 우수하다고 하는 이유 때문만은 아닐 것이다.

구성은 다양하더라도 위에 서야만 하는 남성과 그 아래에는 여성이어야 한다는 사회 구도가 남녀에게 분리된 역할로서 뿌리박혀 있는 것 같다.

삼종지도(三從之道)—어린 시절에는 아버지를 따르고, 결혼 후에는 남편을, 남편이 죽은 후에는 아들을 따른다. 여성에 대한 이러한 생각이 오랫동안 위력을 떨친 것도 이유의 하나이다. 그리고 그대로 따라왔기 때문에 남녀의 상하관계가 사회생활 속에도, 개인의 마음속에도 정착되어버렸다.

여성이 대부분인 집단에서 리더가 남성이 되는 일은 스포츠 말고도 찾아 볼 수 있다. 예를 들면, 필자가 속해있는 자치회에서는 회합이나 활동에 참가하는 사람들은 대부분이 여성(부인)이지만, 그 사람들 가운데서 자치회장이 선출되면, 다음 회부터는 부인과 남편이 교대함으로써 자치회장은 반드시 남성이 된다. 초등학교와 같은 곳에서 흔히 볼 수 있는 육성회도 대부분의 임원은 여성이면서도 회장은 남성인 경우가 많다고 생각하지 않는가?

단, 여성이 만만치 않은 상대라는 것도 사실이다. 여성은 여자다움이 몸에 밴 결과, 집단 내에서 동조하는 것을 옳다고 생각하기 때문에, 그룹장이 되어 집단을 선도하는 것은 특기분야가 아니다. 특기라고 해도 혹시나 마찰이 발생할 지도 모르기 때문에 솔선수범하려는 생각은 없다.

따라서 성과나 목표를 우선시하는 남성에게 적당히 맡겨서 집단내의 협조성을 주고받는 것이다.

# 남녀의 생각은 별로 다르지 않다

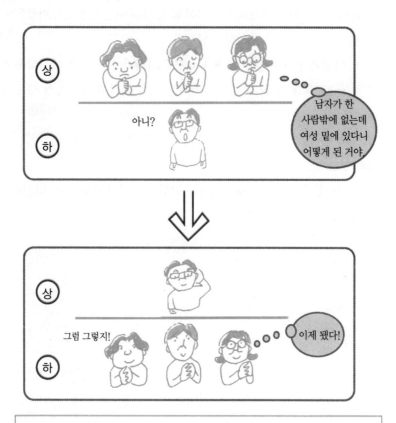

## ■ 스포츠계도 진화

　남성이 리더, 여성이 구성원인 것은 스포츠분야에서 특히 자주 볼 수 있는 광경이다. 일반적으로 체격이나 근육량에서는 남성이 여성을 앞서기 때문에, 여성 스포츠맨은 늘 이류취급을 받아왔다. 지금은 육상경기의 주목종목인 여자마라톤조차, 올림픽에서 정식 종목이 된 것이 1984년부터이다. '여자에게 마라톤 완주는 무리다' 라고 생각하고 있던 시대가 너무 길었던 것이다. 그러나 여자축구와 같이 새롭게 주목을 받는 여자스포츠도 차례차례 등장하고 있다. 앞으로의 활동이 기대된다.

# 남성들끼리 여행이나 식사를 하러
# 나가지 않은 이유는 무엇일까?

사회에 나온 후의 단체행동에서는 업무를 포함한 미팅이 빈번한 남성들만의 만남이 압도적으로 많다는 사실. 이는 일의 연장이라서 여성도 일하는 사람이 증가하게 되면, 남성과 마찬가지로 일을 비롯한 식사약속도 분명히 늘어날 것이다.

그에 비하여 친구관계를 맺고, 친구와의 만남을 즐긴다는 면에서는 여성이 남성보다도 뛰어나다고 생각한다. 단, 이것은 학습에 따라 익숙해지는 것이다.

인간은 태어날 때부터 사회로부터 '여자는 여자답게, 남자는 남자답게' 되어야 한다는 구속을 받는다. 여자는 여자다워지기 위해서, 원활하고 양호한 인간관계를 유지하는 요소를 많이 지니기를 요구받는다. '애교'나 '감수성' 등이 바로 그것이다.

단, 인간관계를 양호하게 만드는 인간적 요소는 누구나 필요하다. 남성에게도 '다른 사람과 사이좋게 지내는 것은 여성의 특권'이라는 편견을 버리고, 앞으로 배울 필요가 있는 스킬이라고 생각한다.

그건 그렇다 치고, 아기자기하게 지내는 모습에 묘한 위화감을 느끼는 남성도 조금 불쌍하다는 생각이 든다. 남자들끼리 유원지에 가는 것은 어쩐지 어색하다고 생각하기 때문이다. 이것도 태어날 때부터 받아 온 사회적인 구속에서 오는 편견 때문일 것이다.

덧붙여 말하면, 동양인은 남녀에 관계없이 단체행동을 하는 경향이 강한 것 같다. 내 주변에 내가 기댈 수 있는 멤버가 있으며, 그것을 포함하여 내가 완성된다는 감각이 있는 것 같다. 행동을 함께 하는 가까운 그룹 내의 멤버─인지 아닌지, 즉 '안과 밖'을 구분하는 벽이 분명히 존재하고 있는 것이다.

# 업무제일주의의 남편이란……

## ■ 낯익은 모습

정년퇴직을 한 남성이 할 일이 없어서 집에서 빈둥빈둥 놀고 있다는 이야기를 자주 들을 것이다. 그러나 같은 세대인 여성들은 활기차게 활동하는 것 같다. 특히 눈에 띄는 활동으로는 사교댄스모임으로, 언제나 남성이 모자라서 똑같은 사람이 몇 번이나 춤을 추어야 하는 상황이라고 한다. 남성의 입장에서는 '이제 와서 무슨 춤이냐'라고 하는 저항이 있는 것 같지만, 여성들은 '재미있고, 운동도 되니 일석이조!'라고 생각하여 많은 사람들에게 권하기 때문에 계속해서 멤버가 늘고 있다. 남성도 모처럼 인기를 얻을 기회이니, 이러한 기회를 살리는 것이 좋으리라고 생각하는데 어떨까?

# 직장에서 적대관계나 협조관계가 생길 때는 언제일까?

최근에는 기업합병이나 부서 재편도 보기 드문 일은 아니다. 이렇게 새로 조직된 직장 그룹은 적대관계가 되는 경우가 많다고 한다. 이것을 여러 가지 연구를 통해 살펴보도록 하겠다.

정신분석이론은 그룹 내의 욕구불만에서 오는 공격충동을 다른 그룹을 공격함으로써 해소하려고 하기 때문에 그룹간이 적대관계가 된다고 생각한다.

목표갈등이론은 그룹간의 희소자원을 서로 빼앗는 상황이 되면 적대관계가 된다고 생각한다. 또한 기득권이익을 침해당하는 상황에서도 적대의식이 생기는 경우가 있다. 오래된 그룹에 다른 새로운 그룹이 들어왔을 때, 오래된 그룹 측에서는 내 몫이 줄어든다는 위기의식이 생긴다. 이것을 제로섬지각이라고 한다. 신참그룹이 얻은 이득의 양만큼, 고참그룹은 빼앗기게 된다는 뒤틀린 인지가 성립되는 것이다.

또한 사회적 정체성이론에서는 자기가 속해있는 그룹을 두둔하여 다른 집단과 차별함으로써 멤버개인의 자존심이 세워지면, 그 때에 적대관계가 생긴다고 생각하고 있다.

이러한 마찰을 줄여, 협조관계를 만들기 위해서는 단순히 그룹간의 접촉으로는 안 된다. 서로가 협력하지 않으면 달성할 수 없다는 상위목표를 설정하여 의존관계를 구축하는 것이 중요하다. 목표로는 자원의 확대를 내세우는 것이 베스트. 가상의 적을 설정하고 가상의 적을 이기는 데 목표를 두면, 단순히 더 커다란 그룹간의 적대관계로 확장되는 것이라서 무의미할 뿐이다.

또한 개인을 그룹의 속성으로 이해하는 것이 아니라 개성으로 이해하는 것도 적대관계의 원인인 카테고리의 구분을 애매하게 만들어, 협조관계를 쌓는데 유효하다.

# 그룹이 협조할 때

'두 팀이 목표를 달성하면 여행을 갈 수 있다. 그러나 한 팀만 달성하면 주스 1박스'와 같이, 서로 협력하는 것이 이익이 된다

팀이라는 카테고리에서 역할분담이나 등급을 매기지 않고, 개인의 특성을 이해한다. 그리고 팀을 나누면 구분이 애매해진다

191

# 직장에서 누구를 좋아하고 싫어하는 마음은
# 업무상의 입장이나 능력과 관계있다(?)

Lesson7

　현재 다니고 있는 직장의 구조가 능력이 있는 사람이 같은 직장의 동료에게 이득을 가져다주는 구조라면, 능력이 있는 사람, 일을 잘 하는 사람은 인기가 있다.

　그러나 제로섬게임과 같이 누군가가 실적을 올려 평가가 올라가면, 그에 따라 다른 사람의 평가가 낮아지는 직장에서는 일을 잘 하는 사람은 미움을 받게 된다. 요컨대, 업무능력이 있는 사람이 인기가 있느냐 없느냐는 직장의 구조문제인 것이다.

　직장 내에서 미움을 받는다고 하는 점에 있어서는, 일을 잘하는 여성이 남성보다도 더 미움을 받는다는 이야기도 있다. 그러나 이것은 일 잘 하는 여성들의 편견이기도 하다.

　남성과 대등한 능력을 보여주면 일반적인 여성상에서 일탈하기 위해 '귀여운 데라고는 한 군데도 없네', '여자답지 않다'라며 미움을 받는다고 생각해 버리기 때문이다. 이것을 '성공에 대한 공포'라고 한다. 단, 실제로는 여성자신의 기분 문제로, 일을 잘 한다고 해서 그렇게 미움을 받는 것은 아닐 것이다.

실제로 일본에서는 '성공에 대한 공포'가 남성에게도 해당된다는 지적을 받고 있다. '모난 돌은 정 맞는다'는 말이 그에 해당된다. 일본에서는 직장인들에게 '무엇을 잘 하는가', '어떤 능력이 있는가'라고 하는 개인의 능력을 문제시하기보다도 직장에 얼마만큼 조화를 이루며, 분수를 알고, 인화를 유지하면서, 직장을 위해서 공헌할 수 있는가에 포인트를 맞추는 경향이 있기 때문이다.

아무리 능력이 있어도 이를 무시하고 돌진하면 일을 하기 어려워진다. 단, 최근에는 성과주의가 되고 있기 때문에 충성심만으로는 통용되기 어려워지고 있긴 하지만.

업무능력과 암묵적인 규칙을 이해할 수 있는 능력의 조화는 떼려야 뗄 수 없는 과제인 것이다.

　예전부터 일본의 사무실에서는 부서나 팀마다 책상을 붙여서, 탄생일 자리에 리더가 앉는 것이 기본적인 스타일이었다. 그리고 가능하면 횡으로 일렬로 배치하여 같은 목표를 지향하도록, 각자의 업무스타일까지도 지적을 받았다.

　이에 비하여 부스와 같은 것으로 구분된 것이 구미형 사무실. 개인주의를 중시하는 기업체질의 회사가 많아서 사무실 분위기가 개성이 풍부한 반면, 정보공유가 어려운 것이 문제시되고 있었다.

　정보의 공유라는 면에서는 개개인보다 팀을 중시하는 일본형 사무실이 원활하다는 생각이 들 것이다. 그러나 실제로는 어떨까? 책상 위에는 앞자리에 있는 사람의 얼굴을 보기 어려울 정도로 서류가 쌓여 있는 환경 속에서, 정보를 더 많이 얻어서 주도권을 잡으려고 하는 사람들도 많이 있다.

　한편, 커뮤니케이션이 힘들어 보이는 구미형 사무실 기업에서는, 그 때문에 정보를 문서화하여 공유하는 작업을 의식적으로 하려고 한다. 대신, 동료가 퇴근하든, 내가 퇴근하든 아무도 신경쓰지 않는다.

　모두 5시에 일제히 회사를 나와서, 가끔은 회사 근처에서 한 잔 하는 것도 좋지만, 개인적인 시간에는 일에 대한 것은 잊어버렸으면 하는 바람이다.

# 성희롱을 하는 이유는 무엇일까?

성희롱을 하는 유형에는 크게 나누어 3가지 타입이 있다.

첫 번째는 '대인스킬부족형' 성희롱이다. 이것은 상대방을 좋아하는데도 상대방에게 불쾌감을 주기 때문에 성희롱으로 받아들여지는 것. 이 경우, 본인의 입장에서는 자신도 모르는 구설수에 오른다. 그러나 성희롱에 해당되는 행위인지 아닌지는 성희롱을 하는 쪽이 어떤 의도를 갖고 있는가가 아니라, 당한 쪽이 어떻게 느꼈느냐에 따라 결정된다. 친밀한 사이라고 오해하여 상대방이 불쾌해 한다는 사실을 깨닫지 못하는 것은 대인스킬부족이기 때문이다.

두 번째는 '성차별무자각형' 이다. "발이 예쁘네' 라는 말은 성희롱에 해당되기 때문에 사내에서 말해서는 안 된다더라"라고 남성이 질렸다는 듯이 한탄하는 소리를 들었다. 언뜻 보기에 '칭찬해 주는데 뭐가 나빠!' 라고 생각할 지도 모른다. 그러나 체형이나 얼굴이 잘났다, 못났다로 남성사원을 비판하는 일은 없기 때문에, 여성만이 여성이라는 이유로 평가되어서는 안 될 것이다. 성차별무자각형 성희롱을 하는 사람은 '여자를 매우 좋아하는' 감각이라서 자신의 행위가 성희롱에 해당된다는 사실을 이해할 수 없는 경우가 많다.

'권력형' 성희롱은 자신이 싫어하는 상대에게 화살을 돌려서 성희롱을 한다. 이것이 최근 일반적으로 보이는 성희롱이다. 직장 내에서의 지위나 특권을 이용하여 자신보다 지위가 낮은 자(대부분의 경우는 여성)에 대하여 성적인 괴롭힘을 한다. 성희롱은 남녀간의 지위격차가 큰 직장이나, 여성의 임원직 비율이 낮은 직장에서 많이 발생하고 있다. '특권형' 성희롱의 경우에, 특히 이러한 경향이 현저하게 많다고 생각된다.

# 독선적인 '애정표현'도 성희롱의 하나

## ■ 성희롱 연수

'성희롱=상대방이 원지 않는 모든 성적 언동'이라고는 하나, 같은 말이나 행동이라도 사람에 따라서 의도가 다른데다, 받아들이는 쪽에서도 다를 수 있다. 이것이 정말 어려운 점이다. 그러나 남녀고용기회균등법개정이 이루어진 이래로, 성희롱 연수를 실시하는 기업도 늘어나고 있다. 연수비디오를 보고 난 후의 감상들은 '이래서는 인사도 마음대로 할 수 없는 것 아니냐!'가 대부분이다. 그러나 받아들이는 사람을 고려하면서 행동하는 것은 사회인으로서 뿐만 아니라 인간으로서 당연한 매너이기 때문에, 자신을 객관시하기 위해서는 좋은 기회일지도 모른다.

# 싫어하는 상사가 있는 직장에서 잘 해나가기 위해서는?

Lesson7

직장의 최대 스트레스는 싫어하는 상사로 인해 생기는 경우가 많다. 지위가 위에 있는 사람은 아래에 있는 사람의 기분을 좀처럼 알 수 없다. 왜냐하면 아래에 있는 사람의 기분을 알지 못해도 별로 자신에게 해가 없기 때문이다. 또한 간단히 인간관계를 결론지으려고 하기 때문에 편견도 쉽게 갖는다.

그러나 그 때문에 아래에 있는 사람이 낙심할 필요는 없다. 우선 스트레스 해소법을 익혀 보라. 스스로 어떤 기분일 때에 어떤 스트레스 해소법을 실행하면 기분이 좋아지는가를 알게 되면 스스로에 대하여 좋은 쪽으로 파악할 수 있고, 여러 가지 해소법을 지니게 됨으로서 항상 낙천적으로 생각할 수 있다.

한편, 상사의 욕이나 험담을 하여 스트레스를 해소하려고 생각하는 사람들이 있지만, 그렇게 하면 자기 이미지만 나빠지고, 스스로도 기분이 개운치 못하다. 게다가 불행히도 그 험담이 본인의 귀에라도 들어가면 그거야말로 관계회복이 불가능하게 될 소지가 다분하다.

스트레스해소라고 활동적인 것만이 좋다고 할 수는 없다. 흐름에 몸을 맡겨, 스트레스가 없어지는 것을 조용하게 기다리는 것도 유효하다. 위를 향해 가는 것도 좋겠지만, 가끔은 아래를 향하여 '지금은 좋지 않은 상황이지만, 이전에는 더 나빴었지' 라고 생각하는 것도 때로는 유효하다고 생각한다. '밀어붙여서 안 된다면, 한 걸음 뒤로 물러나 볼까' 라고 생각해 보면 어떨까?

스트레스를 말끔히 해소하여 마음에 조금 여유가 생긴다면, 무리하지 않는 범위 내에서 상대방에게 충성을 맹세하는 척하는 모습을 보여 주자. 처음에는 시늉만으로도 괜찮다. 거기에 만족해하는 상사를 보고, 당신도 상사에 대한 불쾌한 기분이 사라지게 될 지도 모른다. '친절은 베풀면 돌아온다' 는 말이 있다. 언젠가는 나에게 되돌아올 것이라 생각하고 나부터 행동에 옮겨 보자.

스트레스상호용(?)에 잠재하는
파워해러스먼트(power harassment)

'파워하라' 라는 말을 알고 있는가? 파워 하라스먼트의 약자로 주로 직장에서 일어나는 권력을 과시한 괴롭힘을 말한다.

상사가 부하에 대하여 정신적 고통을 주거나, 폭력을 휘두르거나 하는 것이 바로 그것이다. 상사가 하는 성희롱도 파워하라이고, 가정폭력 (domestic violence)도 가정 내의 파워하라라고 할 수 있다.

직장에서의 파워하라가 표면화되기 어려운 점은 확실하게 정해진 규제가 없고, 직장에서의 목표나 목적의식 뒤에 은폐되어 버리기 때문이다. 그러나 상사로부터 '이 자식아, 나가 죽어라!' 라는 등, 업무상으로 쓰레기 취급을 받을 이유는 전혀 없는 것이다. 일은 일, 인격은 인격이기 때문이다. 그러나 본인 스스로가 파워하라를 당하고 있는데도 깨닫지 못하고, 우울증에 걸리는 경우도 있다. 또한 자기반성은 하지 않고, 자신의 스트레스를 파워하라로 해소하는 상사도 있는 것 같다. 이는 회사의 업무나 실적에 지장을 주기 때문에 인사관리의 큰 과제가 되고 있다.

※일본에서 만들어진 신조어로 '파워 하라' 는 파워(power)와 하라스먼트(harassment : 괴롭힘)를 합친 용어. 즉 직장 상사로부터 괴롭힘을 당하는 것을 말한다. 이는 상사 스트레스의 주범이다.

# 싫어하는 부하가 있는 직장에서 잘 해나가기 위해서는?

비록 부하와의 관계가 껄끄럽다고 해도, 상사로서는 현장집단을 잘 규합해서 이끌어 가야 하는 어려움이 있다.

이것에 대해서는 앞에서도 다루었던 사회심리학의 리더십연구를 참고로 하려고 한다.

직장을 잘 이끌어 갈 수 있느냐 없느냐는 '책임감이 있다', '카리스마가 있다' 와 같은 리더로서의 자질도 관계가 없는 것은 아니다.

그러나 그것보다도 '집단 내의 인간관계를 조정하고 집단을 규합한다=유지관리의 기능(관계지향형)' 과, '집단의 목표달성이나 과제해결 등의 활동을 솔선하여 실행한다=퍼포먼스의 기능(과제지향형)'을 잘 하느냐 못 하느냐가 관건이 된다.

더욱이 그 집단이 현재 어떤 상황인가를 판단하여 이 두 가지의 기능 중 어느 쪽을 중점적으로 밀고 나갈 것인가를 생각하는 것이 가장 중요하다. 이것이 휘들러의 조건적응모델이다.

그런데, 당신이 부하를 싫어하고 있다면 당연히 부하도 당신을 싫어하게 될 가능성이 높고, 결코 통제하기 쉬운 상황은 아니다. 따라서 이러한 부하에 대해서는 과제지향형의 리더십으로 밀고 나가자. 그리고 업무의 성과를 올려서, 서로간에 협력을 하고 친밀함을 갖는 것이 얼마나 중요한 일인지를 깨닫게 해 준다.

그 때, 부하와 싸움을 하더라도 건설적인 좋은 싸움이 되도록 늘 염두에 두기 바란다.

마음에 들지 않는 부하라고 해도 인격 그 자체를 공격하지 말고, 행동 하나하나를 구체적으로 지적하는 것이 좋다. 상대방의 행동을 거울처럼 흉내내는 최후 카운슬링 장면에서 사용하는 미러링방법은 어떨까. 상대방은 자신과 닮은 행동을 하는 당신에게 호의를 가지게 되어, 의사소통이 쉬워질지도 모른다.

# 통합된 상태에 따라서 목표를 바꾼다

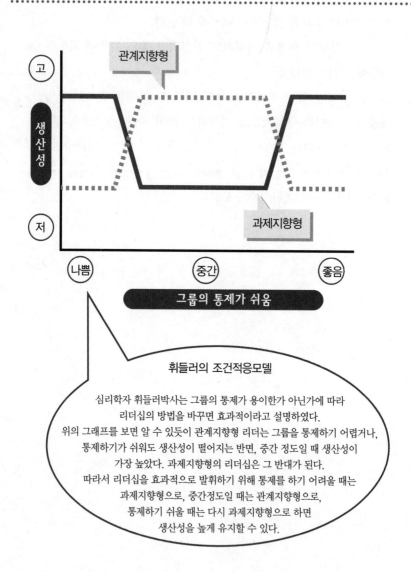

관계지향형

고

생산성

저

나쁨　　　　　중간　　　　　좋음

**그룹의 통제가 쉬움**

과제지향형

**휘들러의 조건적응모델**

심리학자 휘들러박사는 그룹의 통제가 용이한가 아닌가에 따라
리더십의 방법을 바꾸면 효과적이라고 설명하였다.
위의 그래프를 보면 알 수 있듯이 관계지향형 리더는 그룹을 통제하기 어렵거나,
통제하기가 쉬워도 생산성이 떨어지는 반면, 중간 정도일 때 생산성이
가장 높았다. 과제지향형의 리더십은 그 반대가 된다.
따라서 리더십을 효과적으로 발휘하기 위해 통제를 하기 어려울 때는
과제지향형으로, 중간정도일 때는 관계지향형으로,
통제하기 쉬울 때는 다시 과제지향형으로 하면
생산성을 높게 유지할 수 있다.

## lesson8

가족이나 자신의
마음속 심리상태를 알아보자!

# 딸이 아버지를 우습게 보는 심리는 무엇인가?

Lesson8

아버지를 우습게 보는 집안의 딸은 어머니도 아버지도 자신을 위해서 일하는 하인정도밖에 생각하지 않는다. 그러나 딸을 그렇게 만드는 것은 부모들이다. 그러면 부모들의 어떤 점이 잘못된 것일까?

우선 무엇보다도 아버지의 부재를 들 수 있다. 필자의 친구 중에 '남편은 상사에게 아이가 태어났다는 말조차 하지 않았'고 한탄하였다. 이 정도로 일을 최우선으로 하는 남성들이 아직도 많이 있다.

분명히 어쩔 수 없는 부분도 있겠지만, 가족을 생각하면 바꿀 수 있는 부분도 많이 있을 것이다. 업무 이후의 만남은 스스로 줄이면 된다. 주변의 눈치 때문에, 일찍 퇴근하지 못하겠다는 말도 조금 이해하기 어렵다. 전부 직장집단으로부터 벗어날 용기가 없는 것뿐이다. 업무에 열심인 것처럼 보이지만, 실은 소심한 사람인 것이다.

집에서 기다리는 가족은 그러한 아버지의 부재에 심리적인 대처를 하거나 적응할 필요가 있다. 그 결과, 아버지를 '경시'하게 되는 것이다.

단, 부녀관계는 단순히 아버지와 아이의 관계만이 아니다. 아버지와 어머니의 대화부족에도 원인이 있다.

원래는 아이들과 있는 시간이 비교적 긴 어머니가 아버지의 부재를 보완하지 않으면 안 된다. 어머니로부터 아이들의 이야기를 듣게 되면, 아버지도 아이들에 대하여 알 수 있다. 어머니가 아버지에 대한 이야기를 아이들에게 해주면, 아이들은 아버지가 얼마나 힘들게 일하시는지 알 수 있다. 부부의 대화가 없으면 그 길이 단절되어 버린다.

그러나 현실에서는 어머니가 아버지에 대한 불만을 터뜨리는 수단으로, 딸에게 아버지의 험담을 늘어놓는 경우를 종종 볼 수 있다. 딸이 아버지를 우습게 여기는 것은 어머니의 아버지에 대한 혐오감의 반영도 있을 것이다.

# 엄마의 생각이 딸에게 전해진다

# 엄마와 딸이 사이가 좋은 이유는?

Lesson 8

이것도 아버지를 우습게 여기는 것과 비슷한 구조로 인해 발생하는 것이다. 다시 말해, 아이가 생기면 부부가 아니라 아버지와 어머니가 되어, 자식을 키우는 역할을 맡느냐 맡지 않느냐로 부부가 나뉘게 된다고 한다.

어머니는 '아버지 부재' 때문에 그 허전함을 분산시키려는 생각으로 아이들을 아버지의 대신으로 생각한다. 거기에 있는 것은 '자립심이 있는 아이들을 키우겠다'는 사명이 아니라 '자신이 재미있게 놀 수 있는 상대가 있었으면 좋겠다'라는 기대감이다. 즉, 부모 자신이 자립하지 못하는 것이다.

'파라사이트 싱글'이라는 단어가 유행했었다. 학교 졸업 후에도 부모님 아래에서 생활하며, 원하는 것이 있으면 뭐든지 부모에게 부탁하고, 집안일도 부모에게 전부 맡기며 자신이 버는 돈은 전부 자신의 용돈으로 하는, 요컨대 나이가 들어서도 부모에게 의지하며 하는 럭셔리한 독신자들인 것이다.

지금, 이 파라사이트 싱글은 일본에서 1,000만명(!)정도 있는 것으로 알려져 있다. 현세대의 부모는 경제적으로도 풍요하고, 아이들이 언제까지나 자립하지 않고 집에 있어도 별로 지장을 받지 않는다. 남편의 부재로 외롭기 때문에 오히려 함께 있어 주는 아이들에게 고마워하는 마음조차 있는 것 같다. 또한 아버지로서도 아이들이 있기 때문에 부인을 맡겨둘 수 있다는 생각이 있을 것이다. 부모에게 얹혀사는 것처럼 보이는 파라사이트 싱글은 이러한 역할을 하고 있는 것이다.

　　파라사이트 싱글인 여성은 지갑대신 어머니와 함께 외출하고, 어머니도 딸을 같이 놀아주는 친구처럼 생각하여, 사이가 좋은 모녀관계가 형성된다. 이들은 '일란성 모녀' 라고 불리기도 한다. 이것이 아이를 자립시켜야 하는 부모의 역할이 아닌 것은 분명하다.

# 서로 의존하는 모녀관계

 **부모** 놀아주고, 대화상대로서
같이 있어줘서 고마운 마음

경제적으로 원조해주기 때문에,
함께 있어줘서 고마운 마음 **자식**

서로에게 의존해 자립할 수 없는
부모와 자식이 존재하고 있다

# 형제자매의 관계는 '동지'와 '라이벌' 중 어디에 속할까?

주변 사람들의 영향이 크다고 생각한다. 형제끼리 많이 비슷한 환경에서 자라면 서로 닮게 되어 라이벌이 되는 경향이 있다. 구체적으로는 동성끼리라거나, 연령의 차이가 적은 형제가 그렇다.

또한, 수정할 때 부모로부터 받은 유전자가 형제로서 닮았다면 두 사람은 자라면서 닮아간다. 형제라도 얼굴과 성격 등이 매우 닮은 형제와 전혀 닮지 않은 형제가 있는 것은 어떤 유전자를 가진 정자와 난자가 만났느냐하는 결과의 문제이다.

같은 유전자를 받아서 닮은 형제인 만큼, 부모를 비롯하여 선생이나 주변 사람들이 간단히, 게다가 정확히 두 사람을 비교할 수 있기 때문에 당사자들은 라이벌의식을 갖게 될 수밖에 없다.

반대로 부모가 첫째 아이에게 둘째 아이와 사이좋게 지내도록 보살펴 주게 해 놓으면 이거다 할 수 있는 라이벌의식은 생기지 않는다. 첫째 아이의 자존심이 충족되어 마음에 여유가 생기면, 아래의 형제를 도와주고 보살펴야 한다는 마음이 생겨 정말로 사이가 좋아진다.

덧붙여서 말하면, 형제가 닮았는가 닮지 않았는가는 유전적 요인만이 아니라, 생육환경의 요인도 크게 작용한다. 이란성 쌍둥이는 유전만을 생각하면 보통의 형제와 완전히 똑같다. 그러나 보통의 형제들보다도 이란성 쌍둥이들이 많이 닮은 이유는 키워진 환경이 보통 형제보다도 닮았기 때문이다.

연령, 육아경험 등을 포함한 부모의 환경도 완전히 같은데다가, 의식주의 환경도 똑같이 닮았기 때문이다. 그 때문에 첫째 아이는 '의젓하고 조심스러운', 둘째는 '사교적이고 처세에 능한'이라고 흔히들 말하는 성격의 차이가 이란성 쌍둥이 사이에서는 생기기 힘든 것이다.

# 비교하면 할수록 경쟁심이 불타오른다

## 시간이 지나면서 부부사이에 '사랑'의 감정은 변한다(?)

부부생활과 연애는 전혀 다르다고 생각하는 것이 좋다. 결혼 후의 행복은 '사랑'이라는 연애감정이 유지될 수 있느냐 없느냐로 결정되는 것이 아니기 때문이다.

따라서 '좋아하니까, 같이 있고 싶어!'라는 생각만으로 연인과 결혼하면 점점 생각의 격차는 커지게 된다. 왜냐하면, '사랑'이라는 감정에 스스로 빠져 있는 경우가 많아서, 생활을 하다보면 현실을 뼈저리게 느끼는 순간을 자주 맞이하기 때문이다.

앞에서도 몇 번이나 말했다시피, 연애감정은 최면을 걸듯이 스스로 연애감정에 빠져드는 면이 크기 때문이다. 사실은 그것만으로 연애는 매우 즐거운 것이기도 하지만. 결혼 전부터 자신의 생활방식이 고정되어 있다면 '새로운 파트너와 새로운 생활을 시작하는' 마음가짐으로 결혼을 준비하는 편이 좋을 것이다.

그러면, 부부사이에는 결혼 후에 어떤 감정이 생기게 될까. 아이들이 있는 부부는 아이들 때문에 부부사이가 멀어질 수도 있지만, 친밀해질 수도 있다.

서로가 가장 중요한 것(=소중한 아이)을 공유하고 있다고 생각한다면, 육아를 통한 파트너십을 얻을 수 있을 것이다. 그러나 아이가 연애감정이 식어버린 서로의 마음을 메우는 역할을 하고 있다고 생각한다면, 별로 행복한 생활이라고는 할 수 없을 것이다.

'남자는 일, 여자는 가정'인 커플의 경우, 서로가 없으면 생활을 할 수 없는 관계가 되어 버렸기 때문에 서로에게 '기대는 사랑'이 생기게 될 것이다. 헤어지는 일조차 번거롭게 생각하게 된 부부사이에는 서로에게 '익숙한 사랑'이 생긴 것이다. 그러나 자립한 남녀사이에는 서로 친구와 같은 '우정'이나 서로를 '이해하는 사랑'이 생기지는 않을까. 어느 쪽이 바람직한가는 말할 필요도 없겠다.

# 부부란 파트너십을 쌓아가는 것

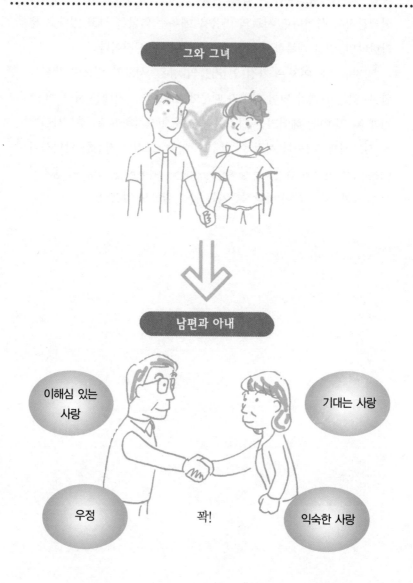

그와 그녀

남편과 아내

이해심 있는 사랑

기대는 사랑

우정

꽉!

익숙한 사랑

## 고부간의 적대관계는 어떤 심리 메커니즘이 작용하고 있는가?

일본에서 다수파를 차지하는 부계 3대 가족의 고부간 적대관계를 생각해 보자. 만화 '사자에상' 은 소수파인 모계 3대 가족의 이야기이다. 이는 오랜 시간동안 집에서 함께 지내는 주부들 사이가 친부모자식인 편이, 밝은 가정을 설정하기 위해서는 더 적합하다고 생각했기 때문이다.

그것은 어찌 되었든 간에, 본인들은 그러한 사회적 편견으로 만들어진 사이가 나쁜 며느리와 시어머니를 충실하게 연기하고 있다. '의자가 사람을 만든다' 는 속담처럼 역할과의 정합화에 빠져있는 것이다.

또한 시어머니가 자신의 남편인 시아버지와 친밀한 부부관계에 있다면, 아들의 신부에 대한 적대의식은 밀어낼 수 있는 상황이지만, 남편보다 아들의 시중을 드는데 보람을 느끼는 시어머니도 적지 않기 때문에 여기에서도 며느리와 아들에 대한 쟁탈전이 일어난다.

이처럼 어려운 인간관계의 대명사가 고부간의 동거이지만, 보다

보편적인 적대의 원인으로서는 세대간 가치관의 차이일 것이다. 전후, 지금의 시어머니세대는 농가나 가업을 잇는 분위기 속에서 자라난 경우가 많아, 부모의 부양은 자식의 의무라는 사고방식도 남아있다.

그에 비하여 며느리세대는 핵가족에서 태어나 자란 비율이 많아, 시어머니는 자신의 고유영역인 가정의 방해꾼이 되어 버렸다.

이러한 가치관의 차이를 해결할 수 있는 것은, 씁쓸하게도 젊은 부부가 맞벌이를 하여 가사와 육아를 시어머니에게 의존하거나, 시어머니가 아파서 며느리에게 보살핌을 받고 있을 경우와 같이 힘의 관계가 분명할 때라고 생각한다.

'가족은 애정으로 이루어진 것'이라며 부담을 느끼면, 오히려 관계가 삐걱될 수도 있다. 서로서로 기브 앤 테이크를 인정함으로써, 밝은 협력관계를 지향해야만 할 것이다.

※사자에상 : 일본의 유명한 만화영화로 일본의 평범한 한 가정이야기가 주제. 1969년부터 방영을 시작하여 현재까지 많은 사랑을 받고 있음.

# 시어머니 타입별 경향과 대책

| 타　입 | 경　향 | 대　책 |
|---|---|---|
| ■ 생색내는 타입 | 봉건적 의식을 갖고 있는 타입으로 '누구 덕분에…' 라며, 자기중심적으로 일을 결정해 버린다. | 흘려듣는다. 또한 관심이 주위를 향하도록 외출시키거나 많은 사람들과 만나게 한다. |
| ■ 성격이 비뚤어진 타입 | 도와주려고 하면 "노인네 취급을 하네"라고 말한다. "방해해서 미안하다", "바보같다"가 입버릇. | 피해망상이 심하기 때문에 언제나 가족의 테두리에 속해 있다는 사실을 잊지 않도록 한다. |
| ■ 욕심이 많은 타입 | 자식에게 의존해서 산다는 불안한 마음 때문에 아무것도 버리지를 못하여, 주변에 잡동사니가 점점 늘어나게 된다. | 들고 온 물건을 보고 "이렇게 쓰는 방법도 있었네"라고 하며, 자존심을 다치지 않게 하면서, 주변을 정리해 간다. |
| ■ 일에 열중하는 타입 | '나 아니면 안 돼' 라는 사명감을 항상 갖고 있으며, 사람들을 물리치고 일을 한다. | '늘 신세를 지고 있습니다' 라고 감사의 기분과 도움을 받고 있음을 전하면 좋은 관계로 유지된다. |
| ■ 꾀병부리는 타입 | 항상 사람들에게 보살핌을 받으려고 '허리가 아프다', '식욕이 없다' 라고 하며, 걱정을 끼치게 만든다. 질투심이 강하다. | 아이들과 자주 접하게 한다. 질투심을 해소하도록, 새로운 일을 부탁하면 의외로 몰두하기도 한다. |

# 열 손가락 깨물어서 더 아픈 손가락 있다(?)

　　순위가 매겨지는 것은 형제의 능력이나 성격 등을 비교하면서 생긴다. 같은 부모로부터 태어났다고 해도, 형제는 모두 다른 인간이고 성장단계가 다르기 때문에, 당연히 형제간에도 차이가 있다. 그렇게 되면, 막내는 실제 이상으로 어리다는 느낌이 들어서 부모가 도와주지 않으면 안 된다는 생각을 한다. 이것은 부모 마음대로 우월감에 빠져서, 이쪽 편이 절대강자라는 보증을 받는 것이기 때문에 상대방에게 '귀엽다'는 감정을 가진다. 그에 비하여 첫째 아이는 막내보다도 능력이 빨리 발달하여 부모와 가까워지기 때문에, 절대적인 지위를 위협받는다고 느껴 '귀엽지 않아'라는 생각이 드는 것이다.

　　형제에 대하여 순위를 매기는 행동은 부모들만이 하는 것은 아니다. 아이들 당사자끼리 서로 비교 또는 경쟁을 하거나, 누가 더 부모에게 사랑받느냐로 질투함으로써, 부모가 형제에 대하여 순위를 매기는 일을 부추기는 점도 있을 것이다. 예를 들면, 첫째 아이가 귀여워하던 막내에게 부모가 첫째를 제치고 관심을 보이면, 질투심에 불타서 동생을 괴롭힌다. 그러면, 부모는 동생을 지켜야 된다고 생각하여, 첫째에게 관심을 돌리는 것이다.

부모가 아이들에게 순위를 매기지 않도록 만드는 요령의 하나는, 가족의 일에만 관심을 집중하지 않는 것이다. 가족에게만 관심을 두면, 오히려 형제간의 자질 차이가 크게 보여서 아무래도 순위를 매기게 되어 버린다. 가족 이외의 인간관계에도 폭넓게 관심을 보이면, 아이들 사이의 구체적인 자질의 차이가 그다지 눈에 들어오지 않는다. 게다가 다른 친구들과 비교하면, 내 아이들이 역시 닮았구나, 도토리 키재기였다는 사실을 알게 될 것이다.

# 내 아이들은 모두 똑같애!

# 부모가 자신의 아이를 학대하는 심리상태는 무엇인가?

Lesson8

아이들은 부모를 사랑하여, 부모와 닮으려고 한다. 그래서 죄책감을 느끼면서도, 자신이 부모에게 받은 일들을 떠올리고 정당화하면서 학대하는 것이다. 이것을 동일시 혹은 동일화라고 부른다.

예를 들면, 어린 아이들이 소꿉놀이를 하고 있을 때, 여자아이가 연기하는 '엄마'의 말투나 행동이 그 여자아이의 엄마와 그대로 닮아서 놀라게 되는 경우가 자주 있을 것이다.

남자아이의 경우도 마찬가지라서 아버지가 바로 손을 올리는 폭군이라면, 역시 그 아이는 아버지와 똑같은 폭행패턴을 보이며, 자신이 받은 것과 똑같은 행동을 자신의 아이에게 행사하게 된다. 아동학대는 부모로부터 아이에게 같은 식으로 대물림되는 경우가 많기 때문에, 이를 '폭력의 연쇄'라고 부르고 있다.

아이들에게 있어서 부모로부터 받은 폭력은 매우 고통스러운 일이지만, 그렇다고 해서 아이들은 아버지를 선택할 수 없다. 그래서 폭력을 '어쩔 수 없는 일'이라고 받아들여, 이러한 상황을 납득하도록 스스로 생각을 바꾸게 된다.

그러나 이 상황에서 납득을 했더라도 너무나 부자연스러운 일이기 때문에 상황이 종료되지는 않는다. 따라서 어쩔 수 없이 폭력을 받아들여야 하는 경험을 하면, 자신이 부모가 되어 아이들을 학대하는 것도 당연한 일이라고 생각하여 똑같이 폭력을 행사하는 것이다. 그리고 아이들에게 폭력을 휘둘러도 '어쩔 수 없어'라고 또다시 부자연스럽게 받아들이는 것이다.

특히 부모가 아이에게 무슨 말을 해도 무시하거나, 위협하거나, 소중하게 생각하는 것을 일부러 고장내고 아무데나 버리거나, 가족이나 친구 앞에서 바보취급을 하거나, "누구 덕에 사는 줄 알아!"라는 말을 내뱉는 행동들은 정신적 폭력이라고 한다. 부모로부터 받은 이와 같은 폭력이 자신의 아이들에 대한 학대로 계속해서 대물림되는 것이다.

# 폭력은 이어진다

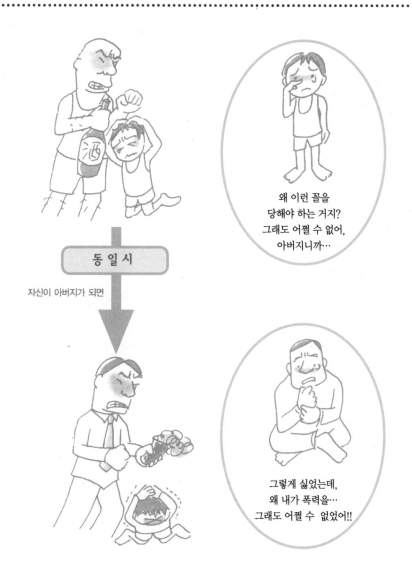

# 가정폭력을 일으키는 심리상태는?

**첫 번째는** 옛날부터 내려온 제도에 영향을 받고 있다고 생각한다. 가부장제에서는 남편은 아내를 보호하고, 아내는 복종하는 의무가 있다고 생각되었다.

**두 번째는** 남편의 의사소통능력의 부족을 들 수 있다. 부부는 결혼 햇수가 길어지면 질수록, 아내만이 말을 걸고 남편은 침묵하는 관계가 된다. 일반적으로 언어능력은 남성보다 여성이 뛰어나며, 수다를 낙으로 삼는 여성들이 많다.

그러나 남편은 별로 입심이 좋지 않기 때문에 자신의 기분을 상대방에게 전달하는 기술이 없어서, 바로 손이 나오는 식이 되는 것이다. 똑바로 말을 할 수 없는 어린아이가 짜증을 내는 것과 마찬가지이다.

**세 번째는** 경제적인 요인이 있다. 사실 남편의 수입이 많으나 적으나 일어나는 문제이긴 하지만, 여기에는 2종류의 메커니즘이 관계되어 있다. 하나는 수입이 적은 남성이 경제력을 무기로 아내에게 영향력을 행사하기 어렵다고 느끼고, 아내에게 무시당하는 것은 아닐까 라는 위기감 때문에 폭력을 휘두른다는 것이다. 소득이 적은 남성은 사회적인 지위도 낮아서, 그 스트레스를 아내에게 발산하고 있다고도 생각된다. 반대로 수입이 많은 남성은 사회적으로도 지위가 높아서, 다른 사람을 자신의 생각대로 움직이는 것이 당연하다고 생각한다. 그 연장선상으로, 아내에 대해서도 수단을 가리지 않고, 자기 마음대로 이래라 저래라 하는 것이다.

또한, 부부관계는 어떤 면에서 서로 먹고 먹히는 관계인 것 같다. 남편은 집안일을 아내에게 모두 맡기고 아내는 경제적으로 의지하는 경우가 많아서, 상대방이 없으면 살아가기 힘든 상황이다. 그래서 폭력을 휘둘러도 상대방은 도망갈 수 없을 것이라는 교만함에 폭력이 발생하는 경우도 있을 것이다.

2001년의 경시청 통계에 따르면, 남편 혹은 내연의 남성에게 살해당한 여성은 116명에 달한다고 한다. 살인사건까지는 아니더라도 놀랄 정도로 많은 남편들이 자신이나 상대방 모두에게 아무런 이득도 되지 않는 신체적·정신적인 폭력을 휘두르고 있다는 사실이, 최근에 드디어 사회문제로 대두되게 되었다.

예를 들면, 1999년에 총리부(현 내각부)가 실시한 조사에 따르면, 20명에 1명 꼴로 '남편으로부터 신변의 위협을 느낄 정도로 구타를 당한 적이 있다'라고 답했고, 2003년의 조사에서도 거의 같은 수준의 결과가 나왔다.

이것을 근거로, 2001년 10월에 배우자에 의한 폭력으로부터 피해자를 보호하는 가정폭력방지법이 실행되어, 전국에 배우자폭력상담센터도 설치되었다. 덧붙여 말하면, 2002년에 센터에 접수된 상담건수는 대략 3만 5천 9백 43건. 재판소에 의한 피해자보호명령 발견건수는 1천 5백 71건에 달해, 사태의 심각성이 부각되고 있다.

## 자기 자신을 좋아하게 되거나,
## 싫어하게 되는 때는 언제인가?

Lesson8

　우선 기본적으로 사람은 누구나 얼마만큼은 자기 자신을 좋아하고, 가치가 있는 인간이라고 생각하고 있다. 유아기에 '배가 고파서', '기저귀가 젖어 기분이 나빠져서' 울면 반드시 누군가가 와서 보살펴 주었다. 자신의 욕구가 충족되는 경험을 쌓음으로써, 타자나 세상에 대한 기본적인 신뢰감을 얻을 수 있다. 이 기본적 신뢰감이 자신에 대한 신뢰나 호의도 만드는 것이다.

　단 '스스로에 대해 높이 평가하고 있다', '자신에게 만족하고 있다' 라는 자존심 문제에는 개인차가 있다. 자존심이 센 사람은 '스스로 자신을 칭찬할 줄 아는' 사람이다. 누구나 칭찬을 받으면 기분이 좋아져서, 무엇인가 하려는 마음이 생기는데, 자신을 칭찬함으로써 자신을 격려하고 있는 것이다.

　그러면, 똑같은 사람이라도 자기 자신을 좋아하거나, 싫어지는 이유는 무엇일까? 자신과 닮은 혹은 자신과 가까운 관계에 있는 타자와의 비교에 따라 자신에 대한 좋고 싫은 감정이 생기는 경우가 많은 것 같다.

대체로 사람은 자신보다 뒤떨어진 사람과 자신을 비교한다. 이것을 하향비교라고 하며, 이것으로 위로를 받고 안심한다. 반대로 자신보다 위에 있는 사람과 비교하는 것을 상향비교라고 하며, 자신이 뒤떨어져 있다는 사실을 자각하여 (비록, 낙담할 가능성은 있지만) 열심히 노력해야겠다는 동기를 마련해 주기도 한다.

또한 일본인 특유의 경향으로 새로운 관계에 있는 사람과 자신을 비교할 때, 자신을 비하한다.

단, 친한 친구와 자신을 묶어서 생각하는 경우, 다른 사람들보다도 훨씬 좋은 콤비라고 생각한다. 자신을 좋아할 수 있느냐 아니냐는 잘 맺어진 친구관계와 관련되어 있는 면도 있을 것이다.

# '내가 좋아!'가 대전제이긴 하지만…

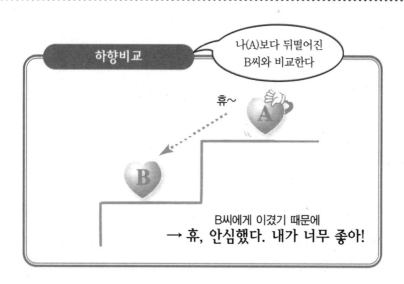

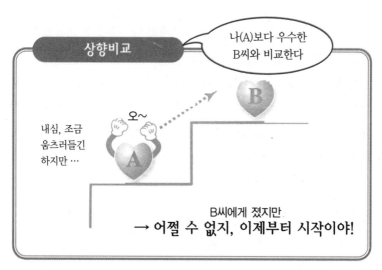

# '히키코모리'[1]가 되는 것은 어떤 심리일까?

Lesson8

현재, 히키코모리의 수는 80~100만에 달한다고 추정되고 있다. 히키코모리는 일본특유의 현상으로 그 80%가 남성이다. 정신과의 마치자와 시즈오박사에 따르면, 히키코모리가 되는 계기에 따라 4가지 타입으로 나눌 수 있다.

첫 번째, '허약한 타입'은 히키코모리의 대다수를 차지하고 있다. 초등 · 중학교 시절에 왕따를 당한 경험이 강박관념으로 남아 '다시 예전 동급생이랑 만나게 될 지도 몰라…' 라는 공포심을 가지면서부터 밖에 나갈 수 없어지는 것이다. 정신적으로도 육체적으로도 허약한 타입은 비록 왕따를 당한 적이 없어도 스스로 친구를 만들지 못하고 쉽게 방에 틀어박혀 버린다.

---

1) 히키코모리 : 1970년대부터 일본에서 나타나기 시작해, 1990년대 중반 은둔형 외톨이들이 나타나면서 사회문제로 떠오른 용어이다. 히키코모리는 '틀어박히다' 는 뜻의 일본어 '히키코모루' 의 명사형으로, 사회생활에 적응하지 못하고 집안에만 틀어박혀 사는 사람들을 일컫는다.

히키코모리는 장남이 가장 많다고 하며, 부모의 과보호도 하나의 원인이 되고 있다. 일본의 가정에서 아버지들은 육아를 전부 어머니에게 맡기고, 육아에 관여하지 않는 경향이 있다. 그러면 어머니는 아이들을 애완동물처럼 귀여워하여 예의범절을 엄하게 가르치지 못해서, 아이들 중심의 가족이 된다. 아이들은 '나는 잘 나서, 부모님은 내가 말하는 것은 무엇이든지 들어준다' 라고 자만하게 된다.

이러면 본래의 의미로서 '육아'와는 조금 달라지지만, 어찌되었든 이러한 어리광만 늘게 하는 육아가 현실의 어려움이나 복잡한 인간관계에 대처할 수 없도록 만들어 버린다. 그 때문에 무엇인가 계기가 생기면, 방안에 콕 틀어박혀 버리는 것이다.

두 번째는 '학력의 저하형', 세 번째는 '가정문제형'이다. 양친에게 문제가 있으며, 이혼이나 재혼과 같이 가족관계가 복잡하고 불안정하면 아이들은 학교에 갈 여유가 없어진다.

네 번째는 '마음의 병(정신장애)형'이다. 우울증, 통합실조증[2]등이 있는데, 사춘기의 우울증 증상은 뚜렷한 증상은 없고, 절도 · 등교거부 · 싸움 등의 행동으로 나타난다고 한다.

---

2) 사고나 감정을 통합 · 조정하는 기능을 잃은 정신분열중의 일종

# 일본사회가 만든 히키코모리

아버지의 잦은 부재

지역사회와의 단절

해달라는
대로 다해주는 어머니

이거 사줘!

그래, 이것만 사면 돼?
다른 건 없니?

## ■ 편의점에도 갈 수 없다

'사람들과 만나고 싶지 않아' 라는 생각의 기복을 스스로 '히키코모리' 나 '히키' 라고 부르는 사람들도 있는 것 같은데, '외출을 할 수 없음' 을 심각하게 고민하고 있는 사람들이 의외로 많이 있다.

특히, 오랫동안 방안에 틀어박혀 있으면, 편의점과 같은 곳에 가도 어떤 행동을 하면 좋을지를 몰라서 아예 나가기를 망설이게 된다. 혼자서는 밥먹기가 힘들다는 사람들이 많이 있다. 히키코모리의 경우는 똑같은 상황이 길을 걷고 있을 때부터 일어나고 있는 것이다. 이에 대한 해결방법이나 상담이 많이 게재되어 있는 인터넷은 커다란 구원의 손길이 되고 있다.

# 휴대전화가 없으면 불안해하는 것은 어떤 심리상태인가?

이것은 친구관계, 연애관계가 얕고 깨지기 쉬운 상태임을 나타내는 것이라고 생각한다. 특히, 다양한 인간관계를 겪으며 성장하지 않은 젊은 사람들은 친구들끼리 있는 경우에 '분위기를 띄워야 돼' 라든지 '썰렁해지면 안 되는데…' 라며 매우 신경을 쓰는 경향이 있다. 그러나 동시에 '깊이 인연을 맺고 싶지는 않아' 라고 생각하기 때문에 친한 것처럼 행동을 한다고 해서, 반드시 서로에게 허물없이 마음을 열고 대하고 있다고 할 수는 없다. 어디에도 고독감을 해소할 수 없는 이 시대 젊은이들의 모습이 보이는 단면이다. 늘 휴대전화로 서로 연락을 취하고, 실제로 연락이 되지 않으면 바로 관계가 끊어질 것 같이 부질없는 것이 인간관계이다.

또한 휴대전화가 편리하기 때문에 오히려 불안을 가중시킨다. 24시간, 언제나 상대방에게 휴대전화로 답을 받는 것이 가능하기 때문에 점점 안절부절못하게 된다.

답이 바로 오지 않으면, '왜 답이 오지 않지' 라고 늘 전전긍긍하며 답을 기다리게 된다. 전화가 오지 않아서 화가 날 정도라면, 먼저 연락을 해도 될 텐데 친한 사이가 아니기 때문에 먼저 연락을 할 수도 없다.

게다가 친구나 연인과의 만남 이외에도 무엇인가 열중하는 것이 있다면, 전화가 바로 오지 않는다고 해서 불안해지거나 하지는 않을 것이다. 내가 스물 네 시간 상대방을 마음 쓰는 것과 마찬가지로 상대방도 분명히 나를 제일로 생각해 주고 있을 것이라고 멋대로 생각하고 있기 때문에, 전화가 오지 않으면 화가 나는 것이다. 자신의 발로 서 있지 못하는 사람은 결국 상대방에게 기대어 자신의 기분까지 상대방에게 맡기게 된다.

# 전화번호 교환만으로 인간관계는 성립되지 않는다

'좋아하는 감정'과

'싫어하는 감정'을

해설한 이 책이

조금이나마 여러분에게

도움이 되기를 바란다